어린이 과학형사대 CSI 8

초판 1쇄 발행 | 2009년 8월 19일
개정판 1쇄 발행 | 2024년 9월 2일

지은이 | 고희정
그린이 | 서용남
감 수 | 곽영직

펴 낸 곳 | (주)가나문화콘텐츠
펴 낸 이 | 김남전
편 집 장 | 유다형
편   집 | 김아영
디 자 인 | 양란희
마 케 팅 | 정상원 한웅 정용민 김건우
경영관리 | 임종열

출판 등록 | 2002년 2월 15일 제10-2308호
주   소 | 경기도 고양시 덕양구 호원길 3-2
전   화 | 02-717-5494(편집부) 02-332-7755(관리부)
팩   스 | 02-324-9944
홈페이지 | ganapub.com
이 메 일 | ganapub@naver.com

ⓒ 고희정, 2009

ISBN 978-89-5736-481-9 (74400)
      978-89-5736-440-6 (세트)

* 책값은 뒤표지에 표시되어 있습니다.
* 이 책의 내용을 재사용하려면 반드시 저작권자와 (주)가나문화콘텐츠 양측의 동의를 얻어야 합니다.
* 잘못된 책은 구입하신 서점에서 바꾸어 드립니다.
* '가나출판사'는 (주)가나문화콘텐츠의 출판 브랜드입니다.

- 제조자명 : (주)가나문화콘텐츠
- 주소 및 전화번호 : 경기도 고양시 덕양구 호원길 3-2 / 02-717-5494
- 제조연월 : 2024년 9월 2일
- 제조국명 : 대한민국
- 사용연령 : 4세 이상 어린이 제품

어린이 과학형사대 CSI 8

CSI, 특별한 방학을 보내다

글 고희정 · 그림 서용남
감수 곽영직

가나

주인공 소개

박춘삼 교장 (67세)

어수선 형사 (35세)

반달곰 (13세)

- 어린이 형사 학교 교장. 똑똑한 어린이들을 모아 CSI를 만든다. 게으르고 잠꾸러기여서 교장실에서 주로 하는 일은 코 골며 잠자기.

- 박춘삼 교장의 조수 겸 형사. 항상 말 많고 어수선하고 덤벙대서 문제를 잘 일으킨다. 그러나 역시 사건이 터지면 박춘삼 교장과 환상의 콤비로 행동한다.

- 동식물에 대한 지식이 깊다. 행동이 아주 느리지만 순수하고 착한 시골 아이. 곰과 비슷한 정도로 덩치가 크고, 힘도 아주 세서 힘쓸 일은 도 맡아 한다.

나혜성 (14세)

한영재 (13세)

이요리 (14세)

- 백과사전과 같은 잡학의 달인으로, 특히 우주와 지구에 대해 잘 알고 있다. 얼짱 꽃미남이지만 엄청난 잘난 척과 대단한 이기심을 가진 왕재수.

- 물리적 현상에 대한 지식과 기계 다루는 솜씨가 뛰어나다. 이미 고등학교 물리, 수학 문제를 다 풀 정도의 뛰어난 영재. 끈질긴 성격과 대단한 집중력이 있다.

- 화학적 현상에 대한 지식이 해박하다. 게다가 무엇이든 실험해 봐야 직성이 풀리는 불굴의 실험 정신을 지니고 있다. 요리를 좋아하고 재능도 많다.

차 례

 CSI, 특별한 방학을 기대하며! • 6

 사건 1 : 귀신 도로의 비밀 • 12
　　핵심 과학 원리 – 마찰력
　　영재가 들려주는 사건 해결의 열쇠 • 38

사건 2 : 사라진 아이를 찾아라! • 42
　　핵심 과학 원리 – 인공위성
　　혜성이가 들려주는 사건 해결의 열쇠 • 70

사건 3 : 화재 사건을 파헤쳐라! • 74
　　핵심 과학 원리 – 용해와 용액
　　요리가 들려주는 사건 해결의 열쇠 • 100

사건 4 : 범인은 증거를 남긴다 • 104
　　핵심 과학 원리 – 새의 특징
　　달곰이가 들려주는 사건 해결의 열쇠 • 130

사건 5 : 물고기가 떠오른 이유 • 134
　　핵심 과학 원리 – 기체의 용해
　　요리가 들려주는 사건 해결의 열쇠 • 160

 CSI, 놀라운 소식을 듣다! • 164

특별 활동 : CSI, 함께 놀며 훈련하다! • 170

찾아보기 • 180

■ 핵심 과학 원리 – 마찰력

귀신 도로의 비밀

"이거 가짜 아니고 진짠데……. 우리 동네에 귀신 도로가 있다."
"귀신 도로?"
아이들이 모두 솔깃해 물었다.

 귀신 도로

다음 날, 아이들은 놀러 간다는 사실에 잔뜩 들떠 새벽부터 온갖 법석을 다 떨었다. 그리고 모두 함께 9인용 승합차를 타고 강원도에 있는 철민이의 외갓집으로 향했다.

박 교장과 어 형사는 경찰청장과 중요한 회의가 있어서 함께 가지 못하고 정 형사가 아이들을 인솔하기로 했는데, 정 형사는 워낙 무슨 일에든 칼 같은 성격이라 살짝 걱정이 되었다. 하지만 수사하러 가는 것도 아니고 놀러 가는 건데 뭐 별일 있으랴.

고속 도로를 타고 한참을 달린 후 국도로 접어드니, 굽이굽이 산길이

이어졌다. 한쪽은 첩첩산중, 반대쪽은 깎아지른 절벽, 그 밑으로는 넓은 강이 흐르는, 그야말로 절경이 끝없이 펼쳐졌다. 게다가 산을 따라 낸 길이라, 말 그대로 S자 코스. 이리저리 왔다 갔다 쏠리는 재미가 마치 놀이 기구를 탄 것과 같아, 여기서 꽥! 저기서 꽥! 난리가 났다.

그렇게 즐겁게 웃고 떠드는 사이, 어느새 목적지에 도착했다. 깊은 산 안쪽에 고즈넉이 자리한, 그 모양새부터 참으로 넉넉해 보이는 마을이었다. 아이들이 도착하자, 양철민의 외할머니가 버선발로 뛰어나오며 반기셨다. 외삼촌과 외숙모, 사촌 형인 양동민까지 모두 반갑게 맞아 주니 아이들은 자기 외갓집에 온 기분이 들었다. 게다가 양동민은 달곰이, 영재와 같은 나이. 그러다 보니 아이들은 금세 친해질 수 있었.

푸짐한 저녁상을 받아 배불리 먹고 수박에 참외까지 잔뜩 먹고 난 아이들은 밤이 늦도록 이야기꽃을 피웠다. 이야기의 주제는 여름밤 친구들과 함께 하는 시간에 꼭 빠지지 않는 것, 바로 귀신 이야기. 한 명씩 돌아가며 귀신 이야기를 풀어 놓으니, 여름밤의 무더위는 어느새 사라지고 등골이 오싹할 정도로 시원해졌다.

혜성이부터 시작해 한 바퀴를 돌고 나니 이제 마지막 차례는 양철민의 사촌 형, 양동민. 양동민은 조금 망설이면서 이야기를 시작했다.

"이거 가짜 아니고 진짠데……. 우리 동네에 귀신 도로가 있다."

"귀신 도로?"

아이들이 모두 솔깃해 물었다.

"응. 4년 전, 딱 요맘때였어. 우리 마을로 들어오기 바로 전에 있는 큰 도로 있지? 바로 그 도로에서 교통사고가 났거든. 자동차 한 대가 곧바로 밑에 있는 강으로 떨어졌는데, 차에 타고 있던 일가족 세 명이 모두 죽은 끔찍한 사고였지."

"정말? 어떡해!"

요리가 장단 맞춰 무서운 척하자 양동민은 스산한 목소리로 말했다.

"그런데 그 이듬해에도 똑같이 요맘때, 똑같은 장소에서 자동차가 추락하는 사고가 발생한 거야. 작년에도 똑같은 사건이 일어났어."

"세 번이나 똑같이?"

이번에는 별이가 물었다.

"응. 두 번째 사고에서는 운전자 한 명, 세 번째 사고에서는 운전자와 동승자 한 명. 이렇게 차에 있던 사람들이 모두 죽었지."

"정말?"

모두가 놀란 토끼 눈을 해서 되물었다. 양동민은 천천히 고개를 끄덕이며 대답했다.

"그래. 게다가 그동안 피해자들이 다 그 자리에서 죽었으니, 도대체 사고 원인을 알 수가 없는 거야."

"경찰이 사고 현장에 가 봤을 거 아냐?"

영재가 물었다.

"물론 가 봤지. 그런데 사고가 세 번 다 같은 장소에서 일어났고, 차가 바로 절벽 아래 강으로 떨어졌다는 거 이외에는 아무것도 밝혀내지 못했어. 그래서 동네에는 4년 전 죽은 일가족의 귀신이 붙은 거라는 소문이 떠돌게 됐지. 귀신이~."

"엄마야!"

양동민의 갑작스런 귀신 흉내에 모두 혼비백산. 사실이든 거짓이든 스릴 만점이었다.

바로 그때였다. 벌컥 문이 열리며 들리는 정 형사의 날카로운 목소리.

"자라! 벌써 2시가 넘었다."

말이 떨어지기가 무섭게 모두 벌떡 일어나 각자 방으로 흩어지니 가만, 이쯤 되면 귀신보다 무서운 정 형사라 할 수 있지 않을까?

 ## 우연의 일치일까?

다음 날 아침, 아이들은 아침밥을 먹고 동네 초등학교로 갔다. 거기서 동네 아이들과 신나게 축구도 하고 발야구도 하며 놀다 보니, 어느새 점심때. 12시가 되자 최첨단 디지털 시계도 울고 갈 만큼 정확한 꼬르륵 시계가 울렸다. 아이들은 밥을 먹으러 쏜살같이 집으로 뛰어갔다.

그런데 집에 들어서니 분위기가 좀 이상했다. 철민이의 외삼촌, 외숙모 그리고 외할머니까지 잔뜩 근심 어린 표정으로 동네 이장과 이야기를 나누고 있었다.

"무슨 일이에요?"

양동민이 묻자 외할머니가 대답하셨다.

"아이고, 야! 큰일 났다. 귀신 도로에 또 귀신이 나타났다."

"네? 정말이요?"

순간 섬뜩한 기운이 스쳐 지나갔다. 아이들은 당황스러운 표정으로 서로를 쳐다보았다.

"장난 아니었어?"

혜성이가 묻자, 양동민이 거 보라는 투로 대답했다.

"진짜라고 그랬잖아. 이번에도 죽었어요? 몇 명이나 죽었어요?"

양동민이 묻자, 이장이 대신 대답했다.

"이번엔 그래도 목숨은 건졌나 보더라. 아직 의식은 안 돌아온 모양인

데, 지금 읍내 병원에 있대."

다행히 지난해 사고 예방을 위해 설치한 철책에 걸려 낭떠러지로 떨어지지 않아 목숨은 건졌다는 것이다. 그러자 요리가 물었다.

"정말 그동안 계속 사고가 났던 바로 그곳에서 또 사고가 난 거예요?"

"그래. 작년에 사고 나고, 내가 군청이고 경찰서고 이리저리 다니면서 울타리라도 쳐 달라고 졸랐거든. 그래서 목숨을 건진 게 아니냐!"

"맞아요, 맞아요. 이장님 아니었으면 이번 피해자도 죽을 뻔했네요."

같이 있던 철민이 외숙모가 맞장구를 쳤다. 도대체 이게 어찌된 일인가. 정말 양동민의 말대로 귀신이 나타나는 도로가 있단 말인가!

"한번 가 볼까?"

방으로 들어오자 혜성이가 말을 꺼냈다. 그러자 영재가 마치 기다렸다는 듯 대답했다.

"그래, 가 보자."

"그런데 우리 이제 올라가야 되잖아. 그리고 정 형사님께 말씀 드려 봤자, 절대 안 된다고 하실걸?"

요리가 불가능하다는 듯 말했다. 그때였다.

"누가 그래, 절대 안 된다고?"

헉! 정 형사다. 도대체 정 형사는 왜 그렇게 시도 때도 없이 불쑥불쑥 나타나는지, 그럴 때마다 아이들은 간이 덜컥덜컥 떨어지는 것 같았다.

"일단 요리와 철민이는 나를 따라서 사고 현장에 가고, 혜성이랑 별이, 그리고 영재랑 수리는 경찰서에 가서 오늘 사건 기록이랑 지난번 사건 기록도 다 뒤져 봐. 사고가 난 자동차도 살피고."

"네? 네!"

갑작스런 정 형사의 명령에 모두 어리둥절.

"그리고 달곰이랑 남우는 병원에 가서 피해자 깨어나면 만나 보고."

"네."

가만, 그럼 이번 사건을 수사하라는 말인데, 이게 웬일인가! 알고 보니, CSI가 내려와 있다는 소식을 듣고 관할 경찰서장이 찾아와 정 형사에게 사건을 맡겼다는 것이다. 그렇다면 이제 사건은 CSI가 해결해야 할 과제가 되었다.

정 형사가 나가자, 별이가 갑자기 소리를 지르기 시작했다.

"가만, 그럼 우리도 수사에 참여하는 거네."

"정말! 야호!"

후배들이 좋아서 난리가 났다. 그때였다. 문이 다시 벌컥 열렸다.

"빨리 안 가?"

정 형사의 불호령이 떨어졌다. 휴! 또 간 떨어질 뻔했네.

그나저나 이번 용의자는 귀신? 이제껏 온갖 사건 다 맡아 별별 용의자를 다 만났지만, 귀신이라니! 귀신이 진짜 범인이면 어떡하지?

 사고 현장에 가다!

곧바로 정 형사와 함께 사고 현장으로 출동한 요리와 철민이. 현장은 철민이네 외갓집에 가기 위해 넘고 넘었던 고개 중 하나였다. 끝없이 펼쳐진 크고 작은 산 중턱을 연결해 낸 길이라 도로 한쪽으로는 산들이 첩첩이 이어져 있고, 반대쪽은 바로 절벽, 그 밑에는 강이 흐르고 있었다. 올 때에는 신 나게 놀며 오느라 잘 몰랐는데, 행여 도로에서 벗어나기라도 하면 곧바로 강물로 뛰어들 수밖에 없는, 정말 위험천만한 곳이었다.

게다가 바로 어제까지 매년 똑같은 사건이 반복되고 있다니, 요리와 철민이는 자꾸 섬뜩한 기분이 들었다. 까딱 잘못했으면 자신들이 네 번째 희생자가 되었을지도 모를 일이 아닌가.

현장에 가니, '사고 많은 곳'이라는 붉은 표지판이 제일 먼저 눈에 들어왔다. 그리고 지난해 설치했다는 철책이 자동차와 충돌하면서 절벽 바깥쪽으로 삐져나와 흉흉하게 흔들리고 있었다. 다행히 자동차 앞쪽이 철책에 걸려 절벽으로 떨어지지 않은 것이다.

자동차가 떨어질 뻔한 위치를 살펴보니, 도로 바로 옆 흙바닥에 바퀴자국이 선명하게 남아 있었다. 핸들을 급하게 절벽쪽으로 꺾은 자국.

'바퀴자국을 봐서는 핸들을 갑자기 꺾은 게 분명한데, 왜 그랬을까?'

요리는 그런 의문을 가지면서 철민이와 함께 현장 사진을 찍기 시작했다. 어디서든 시끌벅적 요란한 철민이가 잔뜩 언 표정으로 조용한 것을 보니, 어지간히 긴장한 모양이다. 그사이 사고 현장 주변 도로를 살펴본 정 형사가 고개를 갸우뚱하며 말했다.

"이상하네. 여기서 핸들을 꺾은 것은 분명한데, 왜 도로 위에는 바퀴자국이 없지?"

정말 도로 위에는 최근에 난 것으로 보이는 어떠한 바퀴자국도 남아 있지 않았다.

"그럼 도로에서 브레이크를 밟지 않았다는 얘기네요."

요리의 말에 정 형사가 고개를 끄덕였다.

"그렇겠지. 그럼 왜 브레이크를 밟지 않았을까? 사람은 위험을 느끼면 무의식적으로 브레이크를 밟게 되어 있는데 말이야."

요리는 문득 지난번에 해결한 '한밤의 뺑소니 사고'가 생각났다.

그때에도 사고 지점에서는 바퀴자국을 발견할 수 없었다. 한참 애를 먹다가, 영재가 사고 지점에서 30미터쯤 내려간 곳에 있는 바퀴자국을 찾아내면서 사건을 해결했었다. 사고 원인은 범인이 운전에 서툴러 브레이크를 밟는다는 것을 액셀러레이터를 밟아서 일어난 순간적인 실수.

> **자동차 타이어에 공기를 넣는 이유는?**
>
> 자동차 바퀴에 끼우는 타이어에는 공기를 넣는다는 것, 다 알고 있지? 그런데 왜 공기를 넣을까? 자동차 타이어를 다 고무로 채우면 얼마나 무겁겠어? 갈아 끼우기도 쉽지 않겠지. 그래서 궁리 끝에 넣은 것이 바로 공기야. 공기는 아주 가볍고 밀도도 낮지만 압력을 높이면 자동차의 무게도 거뜬히 지탱할 수 있거든.

"혹시 운전이 서툴러 브레이크를 못 밟고 핸들만 돌린 게 아닐까요?"

요리의 말에 정 형사가 다시 의문을 제기했다.

"그럴 수도 있겠지. 하지만 어떻게 비슷한 시기에 비슷한 교통사고가 4년 내내 운전이 서툴러 일어날까?"

일리 있는 말이다. 한두 번은 우연히 그럴 수도 있지만, 4년 동안 매년 반복되는 데에는 분명 다른 이유가 있다. 또한, 운전자가 브레이크를 밟지도 못하고 곧바로 핸들을 꺾어야 할 정도로 급박한 상황이었다는 것 또한 분명하다. 과연 어떤 상황이었을까?

"정말 소문대로 귀신이 나타난 게 아닐까요? 달리고 있는데 코앞에 귀신이 쑥 나타난 거죠. 그럼 너무 놀라 핸들부터 돌리지 않을까요?"

철민이가 나름 분석적인 의견을 내놓았다. 그러나 어젯밤 아이들이 나눈 이야기를 알 리 없는 정 형사는 황당하다는 듯 웃음을 터뜨렸다.

"뭐? 귀신? 하하하."

"정말 이 도로에 귀신이 있대요. 어제 동민이 형이 그랬어요."

철민이가 어젯밤 동민이에게 들은 이야기를 정 형사에게 꽤 진지하게 들려주었다. 그러나 듣고 난 정 형사는 철민이의 머리를 콕 쥐어박았다.

"으이그~, 소설 쓰냐!"

"진짠데……."

억울한 표정으로 머리를 문지르는 철민이.

요리는 아무리 생각해도 이상하다고 생각했다. 험난한 도로는 비단 이곳뿐 아니라 산길이 시작돼 끝나는 데까지 최소한 20킬로미터 이상 계속되는데, 왜 꼭 이곳에서만 사고가 날까? 그리고 어떤 급박한 상황이었기에 운전자는 브레이크도 밟지 못하고 핸들을 꺾어야만 했을까?

 ## 철저하게 조사하라!

한편, 경찰서로 사건 경위를 조사하러 간 혜성이와 별이는 어젯밤 일어난 사건까지 4년 동안 일어난 사건의 기록을 살펴보고, 영재와 수리는 경찰서에 가져다 놓은 자동차를 살펴보기로 했다.

일단 어젯밤 일어난 사건에 대한 신고가 들어온 때는 자정이 조금 넘은 시각. 목격자는 그 도로를 지나다가 철책 끝에 자동차가 걸려 있는 것을 발견하고 112에 신고했다.

곧바로 출동한 경찰이 가까스로 차를 끌어내고 운전자를 구한 시간은 오전 1시 30분. 현재 운전자는 인근 병원에 있는데, 다행히 큰 부상은 없는 것으로 판단되나 아직 의식은 돌아오지 않았다.

한편, 4년 전부터 지난해까지 발생한 세 건의 사건 기록에 따르면, 모두 절벽 밑에 있는 강에서 자동차가 떠오른 것을 본 주민의 신고로 사고를 확인했기 때문에 사고가 일어난 정확한 시간은 알 수 없었다. 세 건 다 차에 탄 사람들이 모두 숨진 채 발견되었고 목격자도 나오지 않았기 때문에 사고 원인도 밝히지 못했다. 다만, 이번 사건과 마찬가지로 사고 현장에 남은 바큇자국으로 보아 운전자가 갑자기 핸들을 절벽 쪽으로 꺾은 것은 확실한데, 그 원인은 알 수 없다고 한다.

그사이 영재와 수리는 경찰서에 있는 사고 차량을 살펴보았다. 나온 지 8년 된 '나라라'. 철책에 세게 부딪혀 앞 범퍼는 다 떨어져 나갔다. 영재와 수리는 한참 자동차 주위를 돌며 이리저리 살피고 사진도 찍었다. 어디가 어떻게 찌그러졌는지, 바퀴 상태는 어떤지……. 그러더니, 영재가 나름대로 분석을 내놓았다.

"타이어가 꽤 많이 닳았네. 8년 동안 한 번도 안 갈았나 봐. 흙도 꽤 묻어 있고. 차 상태로 봐서 굉장히 세게 부딪힌 것 같은데……. 최소 시속 7, 80킬로미터는 되겠어. 그 도로 제한 속력이 몇 킬로미터지?"

"알아볼게요."

수리가 얼른 경찰서 안으로 뛰어 들어가 교통반에 물으니, 그 도로의

제한 속력은 시속 40킬로미터. 워낙 험난한 산길이라 그렇다고 했다.

"그렇다면 과속 때문인 것 같은데. 곡선 도로에서 너무 빠른 속력으로 달리면 도로에서 벗어나 사고가 나기 쉽거든. 달곰이한테 전화부터 해야겠다."

영재는 병원에 간 달곰이에게 전화를 걸었다. 그리고 피해자가 깨어나면 차를 시속 몇 킬로미터로 운전했는지 알아보라고 했다. 마침 피해자가 막 깨어났다는 소식을 들은 달곰이는 그러겠다고 했다.

잠시 후, 피해자가 안정되었다는 간호사의 말에 달곰이와 남우는 그를 만날 수 있었다. 달곰이가 물었다.

"어떻게 사고가 일어났는지 말씀해 주세요."

"모, 모르겠어. 너무나 순식간에 일어난 일이라……."

피해자는 아직도 혼란스러운지 머리를 움켜쥐며 대답했다.

"그럼 언제까지 기억나세요? 기억나는 순간만 말씀해 주세요."

"그, 그게……. 밤 11시 반이나 됐나? 고개를 넘어가고 있었는데……. 맞다! 갑자기 차가 붕 뜨면서 미끄러지는 느낌이 나는 거야. 핸들도 말을 듣지 않고. 그러더니 순식간에 차가 절벽 쪽으로 획 돌면서 쾅! 그래! 뭔가에 부딪힌 것 같았는데 그 다음부터는 기억이 안 나."

"절벽 쪽에 철책이 있었거든요. 거기에 부딪힌 거예요."

달콤이가 말하자, 남우도 거들었다.

"다행히 철책에 걸려서 사신 거예요. 잘못했으면 절벽 아래 강으로 떨어질 뻔했어요."

"정말? 그, 그랬어? 아유~, 정말 죽을 뻔했네. 죽을 뻔했어."

피해자가 연신 가슴을 쓸어내리며 말하자, 달콤이가 물었다.

"혹시 그때 시속 몇 킬로미터로 달렸는지 기억나세요?"

그러자 피해자는 고개를 갸우뚱하며 대답했다.

"그, 글쎄. 워낙 굽이굽이 산길이라 천천히

달린다고 달렸는데, 잘 모르겠어. 조금 빨리 달린 것 같기도 하고."

"거기 제한 속력이 시속 40킬로미터라고 하던데, 아셨어요?"

순간, 피해자는 눈을 동그랗게 뜨며 다시 물었다.

"40킬로미터? 그, 그랬어?"

보아하니 속도 위반을 한 것이 분명했다. 남우가 조심스레 물었다.

"그럼 혹시 거기서 뭐 이상한 것 보시진 않았어요?"

"이상한 거? 뭐?"

"귀, 귀신 같은 거요."

"뭐? 귀신? 글쎄. 귀신은 못 본 것 같은데……."

피해자는 남우의 질문에 영 황당하다는 표정. 그럼 귀신은 아니란 말인가? 그렇다면 이상하다. 차가 갑자기 붕 뜨면서 미끄러진 이유는 무엇일까? 과속 때문이었을까? 갑자기 핸들은 왜 말을 듣지 않았을까?

 원인을 찾아라!

각자 조사를 마치고 다시 철민이의 외갓집에 모인 아이들. 저마다 분석을 내놓기 시작했다.

"혹시 눈에는 보이지 않는 귀신의 기운이 있었기 때문이 아닐까? 아니면 귀신이 조화를 부려 차가 말을 듣지 않게 했을 수도 있고."

철민이의 말에 남우가 덧붙였다.

"바로 그거네. 영화에서 보면 귀신은 여기 나타났다 저기 나타났다 하고, 힘도 되게 세잖아. 귀신이 차를 들어서 막 흔든 게 아닐까?"

아무래도 그건 좀……. 별이가 황당하다는 듯 말했다.

"쯧쯧. 남우 너, 영화를 너무 많이 본 것 같다."

"아냐, 그럴 수 있어. 귀신이 얼마나 힘이 센데. 그러니까 귀신이지."

우리의 천진난만한 남우는 분명히 귀신의 짓이라고 믿는 듯했다. 하지만 설령 그렇다 하더라도 명색이 '어린이 과학 형사대 CSI'인데 그냥 귀신이 그런 거라고 결론 낼 수는 없지 않은가!

바로 그때였다. 철민이가 현장에서 찍어 온 바큇자국 사진을 유심히 살펴보던 달곰이가 말했다.

"바큇자국이 굉장히 선명하네. 이 정도면 마른 흙에 난 자국 같진 않고 흙이 젖어 있었던 것 같은데!"

그러자 영재도 사고 난 차의 바퀴 사진을 내놓으며 말했다.

"그래, 그런 것 같다! 이 사진 좀 봐. 바퀴에 흙이 묻어 있어."

요리도 거들었다.

"나도 아까 바큇자국 사진을 찍으면서 이상하다고 생각했어. 그런데 사진 찍을 땐 흙이 다 말라 있더라고."

"그야 오늘 아침부터 햇볕이 뜨거웠으니까 그사이 말랐을 수도 있지."

달곰이의 말에 정 형사가 의문을 제기했다.

"그럼 어젯밤에 비가 왔다는 말인데, 비 안 왔잖아."

"네, 안 왔어요."

아이들이 입을 모아 대답했다. 그때였다. 이제껏 혼자 뭔가를 골똘히 생각하던 혜성이가 낮은 목소리로 중얼거렸다.

"왔을 수도 있어."

모두의 시선이 집중되었다. 혜성이는 벌떡 일어났다.

"다시 가 보자."

"어디?"

"어디긴. 사건 현장. 지형을 좀 살펴봐야겠어."

혜성이의 말에 이번에는 정 형사와 CSI만 사건 현장으로 갔다. 그리고 바퀴자국부터 다시 살펴보았는데, 역시 예상했던 대로 젖은 흙에서나 나올 법한 깊이 파인 자국. 여기저기 둘러보던 혜성이가 말했다.

"여기만 비가 왔을 수도 있겠다. 산과 산이 겹겹이 발달한 곳에서는 장마철과 초가을에 걸쳐서 국지성 집중 호우가 많이 일어나거든."

"국지성 집중 호우?"

요리가 묻자 혜성이가 차근차근 설명했다.

"응. 아주 좁은 지역에 집중적으로 많은 비가 내리는 현상이야. 이맘때 우리나라는 남쪽에서 세력을 확장하는 북태평양 고기압의 영향권에 들어가. 그러면 남쪽에서 따뜻하고 습한 공기가 밀려오는데, 이 공기가 뜨거운 햇볕을 받아 올라가다가 찬 공기를 만나면 폭이 좁은 소나기구름이 돼. 그러면 일부 지역에만 집중적으로 비가 쏟아지지."

"피해자가 어젯밤 비가 왔다는 소리는 안 했는데."

달곰이의 말에 요리가 말했다.

"그럼 피해자한테 전화해서 다시 물어보고, 후배들한테도 전화해서 어젯밤이랑 전에 일어난 사고 전날 밤에 국지성 집중 호우가 왔는지 조사해 보라고 하자."

"그래, 그러자!"

곧바로 달곰이는 병원에 있는 피해자에게, 그리고 혜성이는 후배들에게 전화를 걸었다. 그사이 요리와 영재는 다시 주변 도로의 상태를 유심히 살피기 시작했다. 그러다 영재는 한 가지 이상한 점을 발견했다. 도로 가장자리에 움푹 파인 홈이 10미터 정도 길게 이어져 있는 것. 그리고 그 홈은 피해자가 핸들을 꺾은 위치까지 있었다.

그때 피해자에게 전화를 하는 달곰이의 목소리가 들렸다.

"안 왔다고요? 정말요? 네, 알았습니다."

달곰이가 전화를 끊자마자 혜성이가 물었다.

"안 왔었대? 이상하네. 그럼 아닌가……?"

혜성이가 실망한 듯 말하자 영재가 고개를 저으며 말했다.

"아니야. 사고가 일어났을 당시에는 안 왔더라도, 그전에 비가 왔다면 가능할 수 있어."

"그게 무슨 말이야?"

모두가 동시에 물었다.

"봐. 여기 길게 홈이 파여 있잖아. 사고 당시에는 비가 안 왔어도 여기 고인 빗물 때문에 수막현상이 일어났을 수 있어."

"수막현상? 그게 뭔데?"

달곰이가 처음 듣는다는 듯 묻자, 영재가 차근차근 설명을 시작했다.

"수막현상이란 비가 내려 도로 면에 물이 고여 있을 때, 도로 위를 자동차가 빨리 달리면 타이어와 도로 면 사이의 물로 인해 얇은 수막, 즉 물의 막이 생기는 것을 말해."

"막이 생겨? 왜?"

혜성이가 물었다.

"타이어에는 홈이 파여 있잖아? 그건 타이어와 도로와의 마찰을 크게 해서 미끄러지지 않게 하기 위해서지."

"그래, 마찰이 있어야 미끄러지지 않지."

혜성이가 아는 체를 하자, 영재가 말했다.

"맞아. '마찰'이란 물체가 다른 물체 위를 움직일 때 이를 방해하는 성질이야. 우리가 걸어 다닐 수 있는 것도 땅과 발 사이에 마찰이 작용하기 때문이지."

비는 왜 올까?

구름은 물방울로 이루어져 있는데, 그 크기가 너무 작고 가볍기 때문에 쉽게 떨어지지 않지. 하지만 작은 물방울은 서로 달라붙어 조금씩 커지고 무거워져. 그리고 더 이상 하늘에 떠 있을 수 없을 정도로 무거워지면 비가 되어 내리는 거야. 100만 개의 물방울이 모여야 빗방울 하나가 된대.

"그래. 그런데 마찰이랑 수막현상이랑 무슨 상관인데?"
"타이어 겉에는 홈이 있다고 했지? 그래서 빗길이나 눈길을 갈 때에는 이 홈을 통해서 들어온 물이 빠져나가게 되어 있지. 그런데 타이어는 사용할수록 도로와의 마찰로 인해 겉면이 닳게 되고, 타이어가 지나치게 닳으면 홈이 얕아져 물이 빠져나갈 수 없어. 그러면 타이어와 도로 면 사이에 수막이 생기게 돼. 이때는 차가 물 위에 떠오른 채 달리는 것과 같아. 마치 수상 스키를 타는 것과 같다고 할까?"
"가만, 사고 차량은 언제 나온 차지?"
정 형사의 물음에 영재가 다시 대답했다.
"8년 전에 나온 '나라라'요. 그리고 타이어가 많이 닳아 있더라고요. 타이어의 홈 깊이가 마모 한계선인 1.6밀리미터보다 얕아지면 마찰력이 작아져서 브레이크를 밟아도 잘 멈추지 않게 되죠. 참, 달곰아. 그 차 속력, 얼마나 됐었대?"
"정확하게는 기억하지 못하는데, 제한 속력보다 과속한 건 분명해."
"과속까지 했다 이거지. 그렇다면 확실해요. 수막현상은 차의 속력이 빠를수록 더 잘 일어나거든요."
그러자 이제껏 가만히 듣던 요리가 물었다.
"그럼 수막현상이 일어나면 자동차에 어떤 변화가 생기는데?"
"바퀴와 도로 면 사이에 마찰이 거의 없는 상태가 돼. 그래서 브레이크를 밟아도 멈추지 않고 미끄러지면서 핸들도 말을 듣지 않아."

귀신 도로의 비밀

"맞네. 아까 피해자도 그렇게 말했어. 갑자기 차가 붕 뜨면서 미끄러지는 느낌이 났다고. 핸들도 말을 듣지 않고."

달곰이의 말에 모두 동시에 소리를 질렀다.

"그럼 맞네."

"아직 확신하긴 일러. 사고 전에 비가 내렸다는 것이 확인돼야지."

정 형사가 신중하라는 듯 일침을 가했다. 역시 침착한 정 형사. 그때였다. 혜성이의 휴대 전화가 울렸다. 별이였다. 혜성이가 전화를 받자마자 별이는 흥분한 목소리로 소리쳤다.

"맞아요. 비가 왔었어요. 어젯밤 9시에서 10시 사이에. 그리고 지난 4년 동안에도, 사고 전날 밤에도 비가 왔었어요. 국지성 집중 호우."

별이의 이야기를 전하자, 정 형사가 슬쩍 웃음을 띠며 말했다.

"좋아. 그럼 다른 차들의 연식이나 바퀴 상태도 알아보자고."

 귀신 도로는 없다

알아보니 사고가 난 차는 모두 타이어가 꽤 닳은 오래된 차였음이 밝

혀졌다. 차라리 비가 내렸으면 더 조심했을 텐데, 사고 난 차의 운전자들은 비가 왔었는지 모르는 상태인 데다 도로의 홈에 물이 고인 것도 몰랐다. 게다가 과속까지 했으니, 홈에 고인 물로 인한 수막현상으로 타이어와 도로 면 사이의 마찰이 없어져 사고가 일어난 것이다.

결국 귀신 도로에 귀신은 없음이 밝혀졌다. 연속적으로 사고가 일어났음에도 제대로 조사하지 않은 것, 또 홈이 파인 도로가 4년째 복구되지 않았고 겨우 한 일이라고는 사고 3년째에 철책을 설치한 정도였으니, 정말 안타까운 일이라 할 수 있다.

여하튼 4년 동안 해결하지 못했던 사건을 단시간에 해결한 CSI. 소문은 순식간에 퍼졌다. 철민이의 외갓집에 모여든 동네 사람들에게 철민이 외할머니는 자랑을 늘어놓았다.

"우리 손자 철민이도 어린이 형사 학교 다닌다니까. 그러니까 이제 뭐든지 경찰 부를 일 있으면 우리 철민이한테 맡겨."

"아이, 할머니. 전 한 거 없어요. 다 선배들이 해결한 거예요."

그러자 요리가 얼른 철민이를 칭찬해 주었다.

"아니에요. 철민이가 현장 사진을 얼마나 잘 찍어 왔는데요. 철민이가 찍어온 바퀴 사진 덕에 사건을 해결할 수 있었어요."

"아유, 내 그럴 줄 알았다니까. 호호호."

그렇다. 아무리 어려운 사건이라도 힘과 지혜를 모으면 해결하지 못할 것이 없다. 사건을 해결한 선배든 도와준 후배든, 모두 뿌듯했다.

 영재가 들려주는
사건 해결의 열쇠

4년에 걸쳐 매년 비슷한 시기에 일어난 교통사고. 사고가 일어난 '귀신 도로의 비밀'을 밝혀내는 열쇠는 마찰에 대해 잘 아는 거야.

💡 마찰이란?

책상 위에 책을 놓고 밀어 봐. 책이 앞으로 나가다가 얼마 가지 못해 멈추지? 이는 책을 미는 힘 외에 다른 힘이 작용한다는 것을 뜻해. 바로 책의 운동을 방해하는 힘, 마찰력이지.

두 물체의 표면이 맞닿을 때 서로 닿는 면에서 물체의 운동을 방해하는 성질을 '마찰'이라고 하고, 그 힘을 '마찰력'이라고 해. 그래서 마찰력은 항상 물체의 운동 방향과 반대 방향으로 작용하지.

마찰력은 바닥과 물체와의 접촉면이 거칠수록 커져. 거친 땅보다 매끄러

거친 면

매끄러운 면

〈접촉면의 거친 정도에 따른 마찰력의 크기〉

운 얼음 위에서 훨씬 잘 미끄러지는 것은 땅이 얼음보다 더 거칠어서 마찰력이 더 크기 때문이지.

그리고 마찰력은 같은 표면이라면 물체가 무거울수록 더 커져. 그래서 무거운 물체를 끌기 위해서는 가벼운 물체보다 더 큰 힘을 주어야 하지.

하지만 물체가 닿는 면의 넓이와는 전혀 상관이 없어. 같은 표면에서 같은 무게를 끈다면, 접촉면이 넓든 좁든 마찰력은 똑같다는 거야.

물체를 마찰하면 여러 가지 현상이 일어나. 열이 나기도 하고, 소리가 나기도 하고, 물체가 닳기도 하지. 두 손을 세게 문질러 봐. 따뜻해지지? 옛날 사람들이 나무를 비벼서 불을 낸 것도 이 원리를 이용한 거지. 자동차가 급정거할 때 도로에 나타나는 바큇자국은 타이어와 도로 사이의 마찰로 열이 나서 타이어의 고무가 도로 면에 눌러 붙어 생기는 거야.

💡 마찰의 이용

마찰은 우리 생활에서 없어서는 안 될 아주 중요한 성질이야. 만약 마찰이 없다면 어떻게 될까? 일단 절대 걸어 다닐 수 없을 거야. 물건을 집을 수도 없지. 또, 한번 움직인 물체는 멈출 수가 없게 돼. 게다가 박수를 쳐도 아무 소리도 안 나지. 이 모든 것들은 마찰 때문에 일어나는 현상이거든.

우리 주위에는 이런 마찰을 이용한 예가 많아. 신발 밑창이나 바퀴를 올록볼록하게 만드는 것은 마찰을 크게 해서 미끄러지지 않게 하기 위해서야. 또, 하늘에서 떨어질 때 천천히 떨어지도록 낙하산을 넓게 펼치잖아? 공기와의 마찰을 크게 하는 거지.

반대로 마찰이 작은 얼음판에서 더 빠르게 미끄러지려면 마찰을 더 작게 해야 하잖아? 그래서 만들어진 게 스케이트야. 또, 기계끼리 맞닿아 움직이는 곳은 마찰이 작아야 잘 돌기 때문에 윤활유를 발라 마찰을 줄여 주지.

마찰을 크게 한 낙하산   마찰을 줄인 스케이트

〈마찰을 크게 한 예와 마찰을 줄인 예〉

💡 자동차 타이어와 마찰력

자동차 바퀴에 끼우는 타이어는 겉면에 깊은 홈이 파여 있는데, 이 홈은 타이어와 도로 사이의 닿는 면을 넓게 해서 타이어가 도로에 잘 달라붙게 해. 그런데 타이어와 도로 면의 마찰로 타이어가 닳으면 이 홈의 깊이가 얕아지고, 따라서 마찰력이 작아져 잘 멈추지 못하게 되지. 실제로 젖은 도로에서 시속 100km 이상 달리다가 갑자기 멈출 때, 홈의 깊이가 7mm인 새 타이어를 끼웠을 때가 홈의 깊이가 1.6mm로 심하게 닳은 타이어를 끼웠을 때보다 그 멈추는 힘이 2배 가까이 강한 것으로 나타났대.

또, 브레이크를 밟아 완전히 멈출 때까지 얼마만큼 미끄러지는지를 비교해 보면, 시속 40km로 달릴 때 마른 도로에서는 16.2m, 젖은 도로에서는

21.6m로 5.4m가 더 길고, 시속 80km로 달릴 때에는 마른 도로는 45m, 젖은 도로는 60m로 15m나 더 길다고 해. 결국 속력이 빠를수록, 도로가 젖어 있을수록 마찰력이 작아져 멈추기 힘들다는 뜻이야.

특히 도로 면이 물로 덮여 있을 때에는 타이어와 도로 면 사이에 얇은 물의 막이 생기는 '수막현상'이 일어나. 이렇게 되면 타이어와 도로 면 사이의 마찰력이 급격하게 떨어지면서 자동차가 미끄러져 순간적으로 방향을 바꿀 수도, 속력을 줄일 수도 없고, 핸들도 말을 듣지 않게 되지. 수막현상은 자동차가 빨리 달릴수록 타이어가 많이 닳을수록 더 잘 일어나니까, 사고를 예방하려면 많이 닳은 바퀴는 새 것으로 바꾸고, 절대 과속하지 말아야 해.

자동차의 속력이 빨라지면 타이어에 들어온 물이 빠져나가지 못하면서 타이어와 도로 면 사이에 수막이 생긴다.

〈속력에 따른 수막현상〉

그러니까 생각해 봐. 바큇자국으로 전날 비가 왔음을 알고 현장의 도로 상황을 살펴보니, 도로에 긴 홈이 파여 있었지. 잠깐 내린 국지성 집중 호우로 홈이 파인 도로 면에 물이 고여 있었고, 그것을 모르고 닳은 타이어를 끼운 차가 과속하니 수막현상이 일어났어. 그래서 순간적으로 마찰이 거의 없어져 미끄러지면서 사고가 발생한 거지. 어때, 이젠 알겠지?

■ 핵심 과학 원리 – 인공위성

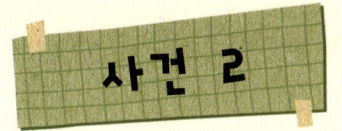

사라진 아이를 찾아라!

자꾸 불길한 생각이 들기 시작했을 때였다.
수민이 아빠의 휴대 전화로 전화가 걸려 왔다. 얼른 받아 보니, 남자 목소리.
"아이를 데리고 있어요. 다시 전화할 테니 집에 가서 기다리세요."

 ## CSI, 일본에 가다!

 일주일의 짧은 방학을 보낸 후, 아이들은 드디어 일본으로 방학 캠프를 떠났다. 비행기를 타고 한두 시간쯤 가니, 어느덧 일본의 수도인 도쿄에 도착했다. 공항에는 아이들을 초청한 도쿄 CSI의 나무하라 국장이 마중을 나와 있었다.

 "처음 뵙겠습니다. 도쿄 CSI의 나무하라입니다."

 나무하라 국장이 제법 유창한 한국말로 인사를 했다. 그러자 매우 반가워하는 어 형사.

 "네, 반갑습니다. 어린이 형사 학교 어수선입니다. 그런데 한국말 잘하시네요?"

 "아, 네. 조금 합니다. 한국 드라마 보고 배웠습니다."

 한류 열풍으로 일본 사람들 중에 한국말을 배우는 사람들이 많다고 하더니, 정말 그런가 보다. 역시 우리나라는 짱이라니까!

 아이들도 반갑게 인사를 하고 나니, 나무하라 국장은 일행을 호텔까지 데려다 주었다.

"오늘은 짐을 풀고 쉬세요. 그리고 내일 오후 도쿄 CSI에 와 주세요."

나무하라 국장이 돌아가자 어 형사는 아이들보다 더 신이 났다.

"내 이럴 줄 알고 다 준비해 왔지. 오늘 갈 곳은 짠! 바로 여기!"

아이들이 보니, 일본 관광 안내 책자. '머지다'라는 곳이 추천 관광지 1위라고 씌어 있었다.

"여기가 바로 바다를 메워서 만들었다는 거 아니냐. 봐라, 얼마나 멋지냐. 그래서인지 이름도 '머지다'! 게다가 오늘은 특별히 불꽃놀이 축제까지 열린다는 거 아니냐!"

"불꽃놀이요? 와, 멋지겠다."

결국 불꽃놀이 축제에 모두 혹해서 곧바로 머지다로 출발했다. 지하철을 갈아타고 한 시간 만에 도착했는데, 정말 기대 이상이었다. 운전사 없이 컴퓨터로 운영된다는 열차를 타고 전체를 돌아볼 수 있고, 엄청나게 높은 초현대식 빌딩들이 즐비했다. 쇼핑센터도 얼마나 큰지, 그 길이가 거의 역과 역 사이의 거리만큼 되어 보였다.

쇼핑센터에, 방송국에, 놀이 시설까지. 여기저기 신 나게 구경하다 보니 어느새 날이 어둑어둑해지고, 아이들은 오늘의 하이라이트인 불꽃놀이 축제를 보기 위해 바닷가로 갔다.

그리고 잠시 후, 펑! 펑! 요란한 소리와 함께 형형색색의 불꽃들이 깜깜한 바닷가 하늘 위를 수놓기 시작했다. 정말 장관이었다. 여기저기 탄성이 흘러나오고, 화려하고 웅장한 광경에 모두 완전히 넋을 잃었다.

 ## 아이가 사라지다!

그렇게 한참 불꽃놀이를 즐기고 있을 때였다. 요리는 어디선가 자꾸 누군가를 찾는 소리가 들리는 것 같았다. 그래서 귀를 기울였다. 그런데!

"수민아! 수민아!"

이 소리는 한국말이 아닌가. 혹시 여행 왔다가 아이를 잃어버린 것이 아닐까 하는 생각에 요리는 혜성이와 함께 소리 나는 곳으로 갔다. 그런데 정말 한국 사람으로 보이는 남녀가 사색이 되어 아이를 찾고 있었다. 요리와 혜성이는 얼른 다가갔다.

"저희는 한국에서 온 어린이 과학 형사대 CSI의 대원이에요. 아이를 잃어버리셨나요? 그럼 같이 찾아 드릴게요."

그러자 남자가 반가운 얼굴로 대답했다.

"그래! 신문에서 본 기억이 난다. 고맙다. 사람이 너무 많아서 찾을 수가 없어. 좀 도와줘."

요리와 혜성이는 곧바로 어 형사와 달곰이, 영재를 데려왔다. 먼저 어 형사가 물었다.

"휴대 전화에 아이 사진 있죠? 가장 최근 걸로 좀 보여 주세요."

여자가 얼른 아이의 사진을 보여 주었다.

불꽃의 화려한 색은 어떻게 만들까?

금속은 타면서 여러 가지 다양한 색을 내는 성질이 있어. 알루미늄은 흰색, 구리는 청록색, 나트륨은 노란색. 그래서 불꽃놀이에 쓰이는 화약은 여러 가지 금속 성분을 넣어 만들지. 금속 성분이 화약과 함께 타면서 화학 반응을 일으켜 여러 가지 아름다운 색의 불꽃을 만들어 주거든.

유수민, 5세. 120센티미터 정도의 키에 단발머리. 빨간 셔츠와 흰색 반바지를 입고, 흰색 샌들을 신었다고 했다.

수민이 엄마의 말에 따르면, 불꽃놀이를 구경하다 수민이가 화장실에 가고 싶다고 해서 쇼핑센터 1층에 있는 화장실로 데려갔다. 수민이 먼저 볼일을 보게 한 후 뒤따라 볼일을 보려고 했더니, 수민이가 화장실 안이 답답하다며 나가고 싶어 했다. 앞에서 기다리라고 이른 후 잠깐 내보냈는데……. 15초나 지났나? 나와 보니, 수민이가 온데간데없이 사라졌다. 근처 아파트에 살아서 자주 오는 쇼핑센터인지라 놀이방을 갔나 했더니 거기에도 없고, 아빠한테 갔나 했더니 거기에도 없고…….

어 형사가 재빨리 명령을 내렸다.

"요리랑 혜성이는 화장실 주변부터 찾아보고, 달곰이랑 영재는 바닷가를 찾아봐. 아이가 집이나 부모님 전화번호 알고 있나요?"

"한국에서 이사 온 지 얼마 안 돼서 외우진 못해요. 그래서 팔찌에 집 전화번호를 새겨서 채워 놓긴 했는데."

"그럼 아이를 발견한 사람이 집으로 전화할지도 모르니까 어머니는 일단 집에 가 계시고, 아버지는 경찰에 신고부터 하세요."

어 형사의 말에 모두 일사불란하게 움직이기 시작했다. 그러나 30분이나 사방을 찾아 헤맸는데도 아이는 어디에도 없었다. 시간은 벌써 밤 10시를 훌쩍 넘기고 불꽃놀이 구경 온 사람들도 거의 다 돌아갔는데, 도대체 아이는 어디로 갔단 말인가?

자꾸 불길한 생각이 들기 시작했을 때였다. 수민이 아빠의 휴대 전화로 전화가 걸려 왔다. 얼른 받아 보니, 남자 목소리.

"아이를 데리고 있어요. 다시 전화할 테니 집에 가서 기다리세요."

데리고 있다고? 그럼 유괴? 정말 유괴를 당했단 말인가! 그 짧은 시간에?

 범인은 여러 명?

경찰은 곧장 수민이 아빠의 휴대 전화에 걸려 온 전화를 추적해 전화 건 곳을 알아냈다. 그곳은 도쿄 시내 오타 역의 한 공중전화. 범인은 벌써 아이를 데리고 도쿄 시내로 간 것이다. 그런 줄도 모르고 아이가 사라진 주변만 맴돌았으니, 범인이 도망갈 시간을 준 꼴이 되었다.

그러니 이제 어쩌랴! 일단 아이들과 어 형사는 수민이의 집으로 갔다. 축제가 벌어진 바닷가 바로 옆에 있는 고급 아파트. 수민이 아빠는 우리 나라에서 100위 안에 드는 기업의 일본 지사장. 그것도 앞으로 기업을 물려받을 후계자였다. 일본에 온 지는 두 달밖에 안 됐다고 한다.

곧바로 머지다 경찰서에서 경찰 두 명이 왔다.

그들은 집에 도착하자마자 집 전화와 수민이 아빠, 엄마의 휴대 전화에 도청 장치와 위치 추적 장치를 달았다. 그리고 와타나베 형사라는 사람이 사건 경위를 자세히 조사했다. 영재는 생각했다.

'그 수많은 인파 속에서 쇼핑센터에 있던 아이를 찾아 유괴한 것으로 봐서는 그 아이를 잘 아는 사람일 가능성이 높은데…….'

하지만 여기는 일본 땅. 아무리 한국 사람한테 일어난 사건이라도 섭사리 끼어들 수는 없다. 그때였다. 집 전화가 요란하게 울렸다. 수민이 아빠가 전화를 받았다.

"내일 아침 9시까지 3000만 엔을 준비하세요. 장소는 다시 전화해서 알려 주겠습니다."

3000만 엔이라면 우리나라 돈으로 3억 원이 넘는 엄청난 액수다. 곧바로 위치 추적 장치로 전화가 걸려 온 곳을 추적하니, 장소는 도쿄 시내 미센 역. 와타나베 형사는 곧바로 미센 역의 공중전화로 경찰을 출동시켰다. 그런데 갑자기 요리가 어 형사의 관광 안내 책자를 뒤적이기 시작하더니, 수민이 아빠에게 책 속의 지하철 노선표를 보이며 물었다.

"오타 역에서 미센 역까지 스물다섯 정거장쯤 되는데 그럼 시간이 얼마나 걸릴까요?"

갑작스런 질문에 수민이 아빠는 좀 당황한 표정으로 대답했다.

"글쎄, 최소한 40분에서 50분 정도는 걸릴걸."

"자동차로는요?"

"자동차로는 더 걸리지. 한 시간 이상 걸릴걸."

"그럼 이상하네요. 첫 번째 전화와 두 번째 전화 사이의 시간 간격은 약 30분. 그 시간 안에 오타 역에서 미센 역까지는 절대 갈 수 없는데, 어떻게 전화를 걸었죠? 그건 범인은 한 명이 아니라는 말이 아닐까요?"

역시 요리다. 논리적이고 날카로운 추리에 모두 고개가 절로 끄덕여지는데, 수민이 아빠를 통해 요리가 한 말을 전해 들은 와타나베 형사의 표정이 영 좋지 않다. 도대체 누군가 하는 표정. 이 상황을 알아챈 어 형사가 서툰 일본어로 자신과 아이들을 소개했다.

"한국에서 온 어수선 형사입니다. 그리고 이쪽은 한국의 어린이 과학 형사대 CSI입니다."

사라진 아이를 찾아라!

이어서 아이 찾는 것을 도와주었다는 수민이 아빠의 말을 듣고, 와타나베 형사는 얼른 인사를 했다. 다행히 영어로.

"처음 뵙겠습니다. 머지다 경찰서, 와타나베 형사입니다."

그때였다. 이번에는 수민이 엄마의 휴대 전화가 울렸다.

"장소는 신다리 역 앞 시계탑. 시간은 내일 아침 9시. 늦지 마세요."

딸깍! 이번에는 또 다른 지하철역인 하라 역에 있는 공중전화.

"아까 미센 역에서 건 전화 목소리랑 좀 다른 것 같아요. 음성 분석실에서 분석해 보세요."

영재의 말에 순간, 와타나베 형사의 표정이 확 일그러졌다. 아무래도 지나친 간섭이라고 생각하는 모양. 어 형사가 얼른 사태 수습에 나섰다.

"아, 아니. 그냥 우리의 의견입니다, 하하하."

 모른 척할 수는 없잖아

싸한 분위기에 아이들과 어 형사는 서둘러 집을 나왔다. 정식 절차 없이 나섰다가는 괜히 문제가 될 수 있겠다는 생각이 들어서였다.

그러나 다음 날 새벽, 영재가 일어나자마자 다른 아이들을 깨웠다.

"이상한 게 있어. 전화를 건 세 곳은 다 왔다 갔다 할 정도로 가까운 곳이 아니잖아. 그런데 범인들은 처음엔 수민이 아빠의 휴대 전화, 다음엔 집, 마지막으로 수민이 엄마의 휴대 전화로 전화를 걸었어. 물론 위치 추적을 피하기 위해 한 짓일 테지만, 이건 범인들이 수민이가 찬 팔찌에 새겨진 전화번호를 보고 전화를 걸지 않았다는 걸 뜻하지."

그러자 혜성이가 동의하며 말했다.

"그럼 세 곳의 전화를 모두 알 만한 사람은 누굴까? 수민이의 부모님과 상당히 친한 사람일 것 같은데……."

아이들은 이대로 가만히 있을 수 없다는 생각에 어 형사를 졸랐다.

"제발요~. 나무하라 국장님께 부탁 좀 드려 주세요."

사실 어제 그냥 온 이후로 영 찜찜했던 어 형사. 결국 박 교장에게 전화를 걸어 상황을 전하니, 쉽게 포기할 아이들이 아닌 것을 너무도 잘 아는 박 교장인지라 바로 나무하라 국장에게 전화를 걸어 주었다. 다행히 나무하라 국장이 흔쾌히 허락하여 아이들도 수사에 참여할 수 있게 되었으니, 이 얼마나 다행스런 일인가!

곧바로 머지다 경찰서로 가니, 와타나베 형사는 어제와 마찬가지로 탐탁지 않은 표정. 그래도 명령이니 범인 체포 작전에 대해 설명했다.

"여기가 약속 장소인 신다리 역 앞 시계탑입니다. 시계탑 주변에는 일반인으로 위장한 경찰이 모두 세 곳에 배치될 예정입니다. 또 모두 네 곳에 오토바이를 탄 경찰과 택시로 위장한 차량 2대도 배치해 뒀습니다. 물론 지하철역 곳곳에도 경찰이 배치되어 있죠."

물샐틈없이 둘러싸는 작전. 역시 철저하기로 소문난 일본 경찰이다. 하지만 어렵게 같이 수사하게 되었는데, 가만히 있을 수는 없는 일.

"저희는 아이들이니까 수민이 아버지 곁에 있어도 범인이 덜 의심할 거예요. 제일 가까운 곳에서 경호하겠습니다."

혜성이의 말에 와타나베 형사는 영 내키지 않는 표정으로 말했다.

"범인이 눈치 챌 수 있으니 일정 거리를 유지해 주세요. 그리고 어제 녹음한 두 목소리를 분석한 결과, 같은 목소리임이 확인됐습니다."

그, 그럴 리가! 범인이 축지법을 쓸 리도 없고, 그 먼 거리를 어떻게 왔다 갔다 하면서 전화를 했단 말인가.

"그런데 하나는 녹음한 목소리더군요. 사방에서 전화를 걸어 위치 추적을 피하면서 범인을 한 명으로 오인하도록 하기 위해 머리를 좀 쓴 것 같은데, 그 정도로 속아 넘어갈 우리 일본 경찰이 아니죠."

와타나베 형사는 다시 거만한 태도로 말했다.

"그리고 쇼핑센터 CCTV 데이터도 모조리 분석해 봤는데, 의심 갈 만한 사람은 없었습니다. 물론 아이 모습이 찍힌 데이터도 없고요."

일단 범인이 여러 명인 것은 확실한 상황. 그렇다면 언제 어디서 나타날지 모르니 정신 바짝 차려야 한다.

시간이 흘러 어느덧 9시 10분 전. 드디어 작전 개시. 수민이 아빠는 3000만 엔이라는 큰돈이 든 가방을 가지고 신다리 역 앞 시계탑으로 나가고, 어 형사는 와타나베 형사와 함께 작전 차량으로 갔다. 아이들과 경찰들도 모두 제 위치에서 경호하기 시작했는데, 출근 시간인지라 시계탑이 있는 역 광장은 사람들로 잔뜩 붐비고 있었다.

긴장된 1분, 1초가 지나고 드디어 약속 시간인 정각 9시. 그런데 1분, 2분, 3분……. 이런! 10분이 지나도 아무도 나타나지 않는 것이 아닌가. 혹시 경찰이 있음을 눈치 챈 걸까?

 ## 교묘한 범인들

그때였다. 수민이 아빠의 휴대 전화가 울렸다. 작전 차량의 도청 장치가 작동되고, 수민이 아빠가 전화를 받았다. 범인이었다.

"장소를 바꿉니다. 오오센 역 시계탑. 시간은 20분 후에요."

갑자기 장소를 바꾸겠다니! 정말 생각지도 못한 상황이 벌어졌다. 하지만 와타나베 형사는 침착하게 지시를 내렸다.

"아버님은 바로 지하철을 타고 오오센 역으로 가세요. 오오센 역 시계탑 앞으로 경찰 인력, 위장 배치하라. 오버!"

명령이 떨어지자마자 수민이 아빠는 서둘러 지하철역 입구로 걸어가기 시작했다. 그 주위를 맴돌던 위장 경찰 세 명과 아이들도 천천히 그의 뒤를 따라가기 시작했는데, 바로 그때였다. 수민이 아빠가 지하철역 계단으로 내려가려는 순간, 순식간에 오토바이 한 대가 나타나더니 수민이 아빠가 들고 있던 돈 가방을 휙 낚아채 도망가는 것이 아닌가! 재빠른 혜성이가 오토바이의 번호판을 보고 무전을 보냈다.

"시나쿠 11-2200. 검은 점퍼에 빨간 바지, 검은 헬멧을 쓰고 있다."

    곧바로 오토바이를 추격하라는 명령이 떨어지고, 위장 배치되었던 경찰 오토바이와 택시들이 순식간에 추격을 시작했다. 범인은 벌써 경찰이 있는 것을 다 알고 장소를 옮겨 경찰을 움직이도록 함으로써, 경호가 잠시 흐트러지는 순간을 이용해 가방을 낚아챈 것이다. 뛰는 놈 위에 나는 놈 있다더니, 정말 교묘한 범인들이다.

    추격이 시작됐지만 별다른 이동 수단이 없는 아이들은 결국 눈앞에서 범인이 도망가는 것을 그대로 보고만 있을 수밖에 없었다. 게다가 설상가상으로 추격하던 오토바이와 택시들도 모두 범인을 놓치고 말았다. 범인의 오토바이는 큰길을 한참 달리더니, 갑자기 일방통행 길로 접어들어 순식간에 골목으로 사라지고 말았다는 것이다.

게다가 오토바이의 번호판 '시나쿠 11-2200'을 확인한 결과, 어젯밤 분실 신고가 된 오토바이. 그리고 그것마저도 한 시간 후에 범인을 놓친 곳에서 10분쯤 떨어진 주택가에서 발견되었다고 하니, 작전은 완전히 실패로 돌아가고 말았다.

아이도 못 찾고 3000만 엔이란 엄청난 돈을 범인에게 준 꼴이 되었으니, 경찰서 분위기는 완전 초상집. 곧바로 대책 회의가 소집되었다. 무엇보다도 경찰이 출동한 것을 범인이 눈치챘고 돈까지 가져갔으니, 아이의 안전이 우려되었다. 영재가 다시 아침에 가졌던 의문을 꺼내 놓았다.

"분명히 집, 아빠, 엄마의 전화번호를 모두 아는 사람이에요. 떠오르는 사람 없으세요?"

수민이 아빠가 심각한 표정으로 한참을 생각하더니 대답했다.

"없어. 아직 온 지 얼마 안 돼서 아는 사람도 별로 없고……."

그때 요리의 눈에 무언가 번쩍 띄었으니, 수민이 아빠의 휴대 전화.

"잠깐만요. 이 휴대 전화엔 집 전화번호랑 수민이 어머니 전화번호까지 다 저장되어 있죠?"

"그, 그렇지."

"혹시 지문 채취 좀 해 볼 수 있을까요? 누군가 여기서 전화번호를 알아냈을 수도 있잖아요."

그렇다. 그럴 수도 있다. 경찰은 곧바로 수민이 아빠, 엄마의 휴대 전화에서 지문을 채취했다.

그때였다. 다시 범인에게서 수민이 아빠의 휴대 전화로 전화가 왔다.

"아이는 경찰 때문에 돌려보낼 수 없어요. 하지만 한 번 더 기회를 드리죠. 내일 아침 9시, 도도이 역 안에 있는 35번 로커에 5000만 엔이 든 가방을 두고 가세요."

"그, 그럼 우리 수민이는요? 수민이는 살아 있나요?"

"물론입니다. 경찰 없이 돈을 잘 주시면 바로 보내 드리겠습니다."

딸깍! 역시 간 큰 범인이다. 3000만 엔도 만족하지 못하고 또다시 5000만 엔을 달라고 하다니! 하지만 지금 범인을 잡는 것보다 더 중요한 것은 아이의 안전. 범인이 여러 명임이 거의 확실한데, 섣불리 한 명만 잡게 되면 공범들이 아이와 함께 다시 사라질지도 모를 일 아닌가. 그렇다면 이제 어떻게 해야 할까?

모두 고민에 빠져 있는데, 마침 휴대 전화에 있던 지문 검식 결과가 나왔다고 하니 빠르긴 빠르다. 결과를 보니, 있다! 수민이 아빠의 지문을 제외한 전혀 다른 지문 한 개가 여기저기에서 나왔다. 수민이 아빠의 지문으로 군데군데 지워졌지만, 남은 부분을 모아 보니 대략 하나의 지문이 완성됐다는 것. 그러나 와타나베 형사가 고개를 저으며 말했다.

"일본 사람은 범죄자를 제외하고는 지문을 찍지 않아요. 대조는 해 보겠지만, 지문만으로 누군지 알아내기는 어렵습니다."

이런! 그럼 누구 지문인지 어떻게 알아내지? 그때 혜성이가 말했다.

"그럼 휴대 전화에 손을 댈 가능성이 있는 사람들의 지문을 일일이 채취할 수밖에 없겠네요. 유리병에 든 음료수를 주어 유리병에 지문을 남기도록 하면 어떨까요?"
"그래! 그러면 되겠다."
아이들이 동시에 소리를 질렀다. 어 형사가 수민이 아빠에게 물었다.
"휴대 전화에 손을 댈 가능성이 있는 사람은 누구일까요?"
"휴대 전화를 쓰거나 꺼내 놓는 곳이 주로 집, 자동차, 사무실인데, 도우미 아주머니는 제가 회사에 있는 동안 왔다 가시니까 아닐 것 같고. 그럼 운전 기사 다나카 씨, 비서 오다 양, 아, 제 사무실에 자주 들어오는 기획부장 이토 씨 정도겠네요."
그러자 와타나베 형사가 물었다.

"그럼 일단 회사로 가셔서 세 분의 지문을 찍어 오실 수 있겠습니까?"

"물론이죠. 제 아이를 찾는 일인데, 뭐든지 해야죠."

수민이 아빠는 곧바로 회사에 갔다. 눈치채지 않도록 세 사람을 따로따로 불러 유리병에 담긴 음료수를 주었다. 그리고 그들이 남기고 간 병을 지문이 지워지지 않도록 조심스럽게 가져왔다. 곧바로 지문 채취가 이루어지고 세 명의 지문과 수민이 아빠의 휴대 전화에서 나온 지문을 비교해 보니, 있다. 똑같은 지문이 있다. 바로 비서인 오다 미카.

"오다 미카? 이, 이럴 수가! 수민이가 두 번 정도 회사에 왔었거든. 그때 오다 양이 수민이를 봤어. 예쁘다고 사탕도 주었는데!"

수민이 아빠가 깜짝 놀라며 말했다. 그렇다면 보다 확실해진다. 물론 수민이 아빠의 휴대 전화를 만졌다는 이유만으로 범인으로 단정할 수는 없지만 현재로서는 가장 가능성 있는 용의자. 아이가 그녀를 알고 있어서 쉽게 따라가지 않았을까? 와타나베 형사가 부하들에게 지시했다.

"일단 오다 미카에 대해 조사해 봐. 미행도 하고."

그때였다. 갑자기 혜성이가 제지를 하고 나섰다.

"잠깐만요. 미행은 안 하는 게 좋을 것 같아요. 만약 오다 미카가 범인이고, 혹시라도 미행하는 걸 알게 되면 아이가 더 위험해질 수 있어요. 그러니까 GPS 수신기를 이용하면 어떨까요?"

"GPS 수신기?"

모두 의아한 표정으로 되물었다.

"인공위성을 이용해 위치를 정확히 알아내는 시스템 말이에요. 지구 주위에는 일정한 궤도로 지구를 도는 인공위성들이 많잖아요. 일기 예보에 필요한 자료를 모으는 기상 위성, 텔레비전이나 라디오 등의 전파 신호를 받아 다른 곳으로 보내는 통신 위성, 과학 연구에 필요한 자료를 모으는 과학 탐사 위성 등. 그중에서 지상 2만 200킬로미터 상공에는 GPS 위성 24개가 떠 있어요. 하루에 2번 지구 주위를 돌면서 24시간, 지구상의 어느 위치에서나, 날씨에 관계없이 위치를 알려 주죠."

"맞다. 자동차에 달아서 길을 가르쳐 주는 내비게이션. 그것도 GPS를 이용한 거라면서?"

달곰이가 아는 척을 하자, 어 형사가 물었다.

"그러니까 경찰이 직접 추적하지 말고 GPS로 추적하자, 이거지?"

혜성이가 대답했다.

"네. GPS 수신기는 GPS 위성에서 보내 온 전파를 받는 장치인데, 보통 서너 개 이상의 위성에서 보내 온 전파를 받을 수 있죠. 각 위성에서 전파를 보낸 시간과 수신기에서 받은 시간의 시간 차에 전파의 속력을 곱하면 GPS 수신기와 위성과의 거리를 구할 수 있어요."

> **세계 최초의 인공위성은?**
>
> 세계 최초의 인공위성은 1957년 10월 4일 옛 소련에서 발사한 '스푸트니크 1호'야. 러시아 어로 '동반자'라는 뜻의 이 위성은 지름 58cm, 무게 83kg으로 알루미늄 합금으로 만든 공 모양이었지. 겉에 4개의 막대 모양 안테나가 있어서 지구에 전파를 보내는 일을 하며, 약 96.2분에 한 번씩 지구를 돌았어. 하지만 수명은 그리 길지 못해서 다음해 1월 4일 지구 대기권으로 떨어지면서 완전히 타서 사라졌지.

혜성이는 설명을 계속했다.

"그 거리와 위성들의 위치를 알면 GPS 수신기가 있는 곳의 위치를 계산할 수 있어요. GPS 수신기가 자신의 위치를 알아낸 다음 그 위치를 알려 주는 신호를 보내도록 하면 돼요."

그러자 영재가 놀랍다는 듯 말했다.

"와, 멋지다! 그럼 그 수신기, 돈 가방에도 붙이면 어떨까? 경찰이 추적하지 않아도 가방이 가는 곳을 알 수 있을 테고, 돈 가방이 있는 곳엔 당연히 범인이 있을 거 아냐!"

모두 와타나베 형사를 쳐다보았다. 와타나베 형사는 잠시 생각에 잠기는 듯하더니, 이내 고개를 끄덕였다.

곧바로 휴대 전화 크기보다 작은 최신 GPS 수신기가 들어왔다. 경찰 한 명이 회사로 파견되어 오다의 차 트렁크에 몰래 수신기를 붙였고, 돈 가방 안쪽에도 눈에 안 띄도록 수신기를 붙였다. GPS 수신기가 보내는 위치 정보를 실시간으로 볼 수 있는 컴퓨터도 준비되어 시험도 마쳤다. 이제는 내일이 오기만을 기다리면 된다.

 **위치를 추적하라!**

드디어 결전의 날. 어 형사와 아이들이 아침 일찍 경찰서에 가니, 와타나베 형사가 반가운 표정으로 말했다.

"오다 미카에 대해 조사했는데, 좀 수상하네요. 휴대 전화를 추적했는데 사건 당일 밤 9시쯤 머지다 바닷가 주차장에서 사용했어요."

모두 귀가 번쩍 띄었다. 그렇다면 분명히 오다 미카도 그날 거기에 있었다는 말이다.

"그리고 통화한 번호를 조사하니까 아키야마 히로토. 오다 미카의 남자 친구라는데 야쿠자더라고."

"야쿠자요?"

모두 놀라 소리를 지르고 말았다. 야쿠자라고 하면 중국의 삼합회, 이탈리아의 마피아와 어깨를 나란히 하는 일본의 폭력 조직. 그렇다면 오다와 아키야마가 함께 일을 저질렀을 가능성이 크다. 이제껏 보여 준 교묘한 속임수와 대담함으로 봐서 만만치 않은 범인이라고 생각은 했지만, 야쿠자라고 하니 수민이의 안전이 더 걱정되기 시작했다. 그러니 오늘 꼭, 반드시 잡아야 한다.

잠시 후, 9시가 다가오자 수민이 아빠는 돈 가방을 들고 도도이 역으로 향했다. 경찰은 혹시나 눈치챌까 가까이 가지도 못한 채 최대한 먼 거리에서 따라갔다. 수민이 아빠는 35번 로커의 문을 열고 돈 가방을 넣었다. 그러고는 문을 닫고 돌아왔다.

경찰은 전날 밤 로커 앞에 설치한 CCTV로 누가 가방을 가져가는지 살피기 시작했다. 영재와 달곰이는 와타나베 형사와 함께 돈 가방을 추적하기 위해 역 근처에 대기했고 요리와 혜성이는 어 형사와 함께 오다의 차를 추적하기 위해 오다의 집 앞에서 대기했다. 각각의 차 안에는 GPS 수신기가 보내는 위치 정보를 볼 컴퓨터가 설치되어 있었다. 수신기가 움직이는지 모두 숨죽이고 쳐다보는데 20분쯤 지났을까?

"어, 움직인다!"

영재가 소리쳤다. 로커 앞쪽에 설치된 CCTV 화면으로 볼 때에는 문조차 열리지 않았는데, 가방이 움직이기 시작한 것이다. 로커 뒤쪽으로 구멍이라도 뚫어 놓았는지, 정말 대단한 범인이다.

하지만 지금 당장은 나가면 안 된다. 일단 범인들이 안전하다고 생각하고 돈 가방을 가져가도록 내버려 둬야 한다. 그래야 모두 다 모여 있을 때 잡을 수 있고 그것이 아이를 지키는 최선의 방법이다.

"지하철 옆 주차장이야. 차를 타고 움직일 모양이군. 좋아, 가 보자."

와타나베 형사가 차에 시동을 걸고 추적을 시작했다.

그리고 바로 그 시간, 오다의 집 앞에서 기다리고 있던 어 형사와 혜성이, 요리도 막 출발한 오다의 차를 추적하기 시작했다.

그렇게 각자 한 시간 반쯤 따라갔을까? 돈 가방이 멈춘 곳은 도쿄 옆에 있는 항구 도시 아카사의 한 창고 앞. 요리의 연락으로는 오다 역시 이쪽으로 오고 있다고 했다. 와타나베 형사는 곧바로 아카사 경찰에 지원 인력을 요청했다. 잠시 후, 경찰들이 도착하고 창고를 완벽하게 둘러쌌는데 좀 이상했다. 창고 안이 너무 조용한 것이다.

"이상해. 들어가 봐야겠어."

와타나베 형사가 안으로 들어가며 소리쳤다.

"손 들어!"

영재와 달곰이도 곧바로 뛰어 들어갔다. 그런데 이게 어찌된 일인가! 아무도 없다. 범인들도, 아이도 그리고 돈도 없다. 남은 것이라고는 GPS 수신기가 그대로 드러난 빈 가방뿐.

이럴 수가! 범인은 가방에 GPS 수신기가 붙어 있음을 알아채고, 보란 듯이 돈만 챙겨 경찰이 도착하기 전에 뒷문으로 도망간 것이다. 다 잡은 범인을 놓치니, 모두 허탈했다. 하지만 아직 희망은 있다. 오다를 잡아야 한다.

바로 그 시간, 항구로 오던 오다의 자동차가 갑자기 방향을 바꾸었다. 창고에서 범인이 도망치면서 만날 장소가 바뀐 것이 분명하다. 하지만 이젠 절대 안 놓친다. 어 형사는 생전 처음 와 보는 도로지만 최선을 다해 오다의 자동차를 추적했다. 그리고 드디어 오다가 차를 세웠다. 시내에 있는 한 아파트 주차장. 차에서 내리자마자 쏜살같이 아파트 안으로 뛰어 들어가는 오다의 모습이 보였다.

아이들은 얼른 따라 내려 엘리베이터가 멈춰 서는 층을 보았다. 7층.

701호 아니면 702호다. 곧바로 경찰서로 연락해 주소를 불러 주고 집주인을 알아보라고 하니, 701호의 주인이 아키야마 히로토. 맞다! 야쿠자인 오다의 남자 친구.

잠시 후, 와타나베 형사의 팀이 아파트 앞에 도착했다. 그런데 와타나베 형사는 곧바로 자동차 트렁크를 열더니, 택배 배달원으로 위장을 하는 것이 아닌가. 정말 대단한 준비성이다.

모두 7층으로 올라갔다. 그리고 와타나베 형사가 벨을 누르자, 여자 목소리가 들렸다.

"누구세요?"

"택배입니다. 아키야마 히로토 씨 댁이죠?"

사라진 아이를 찾아라!

문이 열리고, 여자가 나왔다. 맞다. 오다 미카. 순간, 와타나베 형사가 문을 확 밀고 안으로 뛰어 들어가며 총을 겨누었다.

"손 들어! 경찰이다!"

어 형사와 아이들도 집 안으로 뛰어 들어갔다. 집 안에는 남자 둘과 여자 둘이 있었다. 전혀 예상치 못한 상황에서 들이닥친 경찰에 네 명 모두 놀란 표정. 마루 한가운데 가방이 여러 개 있는 것으로 보아 돈도 받았겠다, 추적도 피했겠다, 돈을 나누어 도망가려던 것이 분명하다.

그나저나 수민이는 어디 있는지? 아이들이 재빨리 수민이를 찾기 시작했다. 그리고 잠시 후, 큰 벽장 안에 손과 발이 묶이고 입에 테이프가 붙여진 채 울고 있는 수민이를 찾을 수 있었다.

 ## 우리는 대한민국의 CSI!

범인 네 명은 곧바로 경찰서로 잡혀가고, 수민이는 무사히 부모의 품으로 돌아갔다.

오다의 말에 따르면, 오다로부터 지사장이 기업을 물려받을 사람이라는 것과 어린 딸이 있다는 얘기를 들은 남자 친구 아키야마는 아이를 유괴해 큰돈을 뜯은 다음 외국으로 도망가자고 오다를 꼬드겼다. 처음엔 절대 그럴 수 없다고 버티던 오다. 하지만 아키야마를 사랑하는 마음과 돈을 가지고 일본을 떠나면 그도 야쿠자를 그만둘 수 있다는 생각에, 결국 아키야마의 친구와 그의 애인까지 끌어들여 범행을 꾸몄다.

 그래서 먼저 오다가 수민이 아빠의 휴대 전화에서 수민이네 집, 수민이 엄마와 아빠의 전화번호까지 몰래 알아낸 후 수민이네 집 주변에서 기회를 노리던 중, 마침 불꽃놀이 축제 날에 수민이가 잠깐 혼자 있는 틈을 타 범행을 저질렀다.

 경찰의 추적을 교묘히 피하고 가방에 붙여 놓은 GPS 수신기까지 찾아내 골탕을 먹였지만, 그사이 오다를 용의자로 지목하고 추적한 것은 예상치 못했던 것. 결국 범인 일당은 도망가기 직전에 붙잡혔다.

 "수고했습니다. 정말 고마웠어요."

 어 형사와 아이들에게 일일이 악수를 청하는 와타나베 형사. 쌀쌀맞은 태도로 경계를 풀지 않던 그가 악수까지 청하니, 그렇다면 이젠 아이들의 실력을 인정하겠다는 말?

 "한국은 드라마만 대단한 줄 알았더니 경찰들도 대단하군요. 많이 배웠습니다."

 갑자기 커지는 자긍심. 절로 박수가 나온다. ♬대~한민국! 짝짝짝짝짝♬! 역시 대한민국의 어린이 과학 형사대 CSI! 진짜 멋지다.

혜성이가 들려주는
사건 해결의 열쇠

일본에 도착한 날, 불꽃놀이 축제에서 벌어진 유괴 사건을 해결한 사건 해결의 열쇠는 인공위성과 GPS의 원리에 대해 잘 아는 거야.

💡 인공위성이란?

뉴턴은 달이 지구로 떨어지지 않고 지구 주위를 도는 까닭은 달이 지구 주위를 돌 때 생기는 힘이 지구가 달을 잡아당기는 힘과 같기 때문이라고 했어. 그래서 어떤 물체라도 충분한 속도만 주어진다면 땅으로 떨어지지 않고 계속 지구 주위를 돌 수 있을 것이라고 했지.

공을 던져 볼까? 공을 들고 있다가 살며시 놓으면 땅을 향해 곧바로 떨어지지만 살짝 옆으로 던지면 곡선을 그리며 떨어져. 그리고 옆으로 더 빠

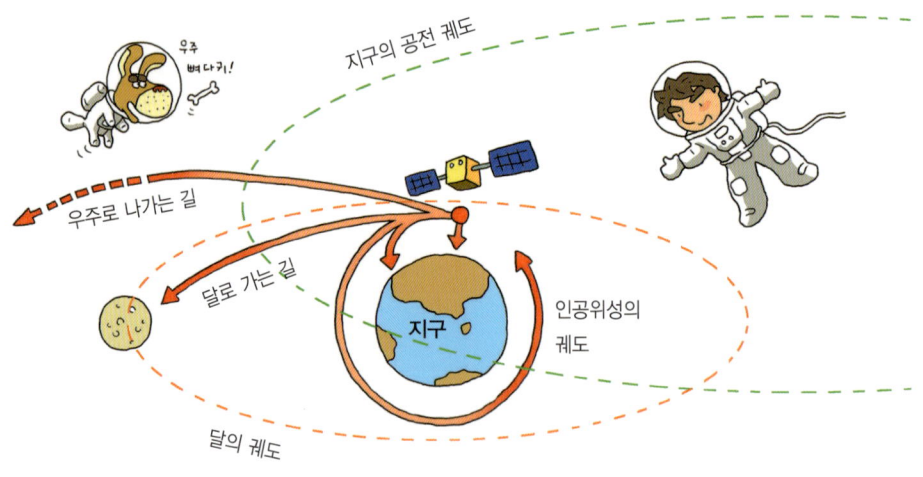

〈인공위성의 궤도〉

르게 던지면 완만한 곡선을 그리며 더 멀리 떨어지지. 그렇다면 공을 옆으로 아주아주 빠르게 던지면 어떻게 될까? 밖으로 튀어 나가려는 공의 힘과 공을 끌어당기는 중력이 같아져 지구 주위를 뱅뱅 돌게 될 거야.

이러한 원리를 이용한 것이 '인공위성'이야. 인공위성이란 달처럼 지구 위 일정한 높이에서 일정한 속도로 지구 주위를 돌게 만든 물체를 말하지.

💡 인공위성의 종류

인공위성은 용도에 따라 종류가 나뉘어. '과학 탐사 위성'은 과학 연구에 필요한 자료를 모으는 위성이야. '통신 위성'은 텔레비전이나 라디오 등의 통신 장치에서 나오는 전파 신호를 받아 다른 곳으로 보내 주는 위성이지. '기상 위성'은 일기 예보에 필요한 자료를 모으는 위성이고, '항법 위성'은 비행기나 배, 자동차 등에 신호를 보내 현재 위치를 알려주는 위성이지. '군사 위성'은 이런 여러 정보를 군사용으로 이용하기 위한 위성이야.

아리랑 2호 무궁화 5호 과학 기술 위성 1호

〈우리나라의 인공위성〉

우리나라에서는 1992년 8월 11일 우리나라 최초의 과학 실험 위성인 우리별 1호를 발사한 이후, 과학과 통신 위성 등을 여러 차례 쏘아 올렸어. 과학 탐사 위성인 우리별 위성(2009년 현재 3호까지 발사)과 과학 기술 위성(2009년 현재 1호 발사)은 지구 관측, 우주 과학 실험, 지도 제작뿐 아니라 산불이나 태풍 등을 감시하는 역할도 해. 통신 위성인 무궁화 위성(2009년 현재 5호까지 발사)은 초고속 인터넷과 통신, 위성 방송을 맡고 있지. 다목적 실용 위성인 아리랑 위성(2009년 현재 2호까지 발사)은 한반도 지도 만들기와 자원 탐사 등을 맡고 있어.

GPS를 이용한 위치 추적 방법

이런 인공위성을 이용한 장치 중에 'GPS(Global Positioning System)'가 있지. GPS란 인공위성을 이용하여 자신의 위치를 정확히 알아내는 시스템이야. 1973년에 개발되어 전 세계로 서비스가 제공되고 있지.

GPS의 위성 부분은 지상 2만 200km 높이에서 여섯 개 궤도를 도는 '내브스타'라는 위성 24개로 구성되어 있어. 이 위성들은 같은 간격으로 배치되어 지구 주위를 하루에 두 번 돌면서 자신의 위치 정보가 담긴 일정한 신호를 내보내. 제어 부분에서는 이 위성들의 궤도를 추적하고 위성들을 관리하지.

GPS 수신기가 최소 4개의 위성이 보내는 신호를 받아 분석하면 자신의 위치를 알 수 있어. 이 위치와 지도를 비교하면 현재 자신이 어디에 있는지 정확히 알게 되지. 그래서 비행기, 배, 자동차 등의 항법 장치로 활용되고, 자동차 운전 중에 지도에서 위치를 확인하는 차량용 내비게이션에도 유용하게 사용돼.

그럼 GPS는 지구에 있는 물체의 위치를 어떻게 알아낼까? 한 개의 수신기는 최소 서너 개 이상의 위성에서 동시에 전파를 받아. 그리고 각각의 위성에서 전파를 보낸 시간과 수신기가 전파를 받은 시간을 측정하여 그 시간 차를 알아내고, 그것을 "시간 차×빛의 속도(30만 km/초)=거리"의 식에 넣어서 위성과 수신기 사이의 거리를 구하는 거야.

그 다음 각 위성의 위치에서 수신기까지의 거리를 반지름으로 하는 각각의 원을 그린 다음 그 원들이 만나는 한 점을 찾으면, 그곳이 바로 수신기의 위치가 되지.

〈GPS의 구성〉

그러니까 생각해 봐. 유괴 사건에서는 범인의 위치를 파악하는 게 가장 중요해. 그래서 범인에게 전달할 돈 가방과 용의자로 추정되는 오다의 차에 GPS 수신기를 붙인 후 위치를 추적한 결과, 네 명이 모두 모여 있는 곳을 찾아내 멋지게 체포할 수 있었던 거지. 물론 아이도 무사히 구하고 말이야. 어때, 이젠 알겠지?

■ 핵심 과학 원리 – 용해와 용액

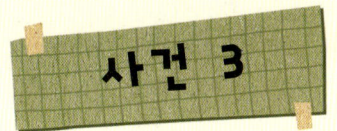

화재 사건을 파헤쳐라!

사건은 이틀 전, 밤 9시 10분쯤 도쿄 미나쿠 구에 있는 한 가정집에서 일어난 화재 사건. 곧바로 소방차가 출동했으나, 워낙 오래된 일본 전통 나무 집이어서 삽시간에 집의 반 이상을 태우고 9시 25분쯤 겨우 꺼졌는데, 안주인인 다카하시 요코가 안방에서 불에 타 숨진 상태로 발견되었다.

감전일을 만나다!

"대단해요, CSI. 정말 대단해요."

유괴 사건을 해결한 다음 날 오후, 아이들과 어 형사가 도쿄 CSI에 가자 나무하라 국장과 도쿄 CSI 대원들 모두 박수를 보냈다. '한국에서 온 어린이 과학 형사대 CSI, 아이를 구하다!'라는 제목으로 신문 1면에 기사도 실려서, 이제 CSI는 미국뿐 아니라 일본에서도 유명 인사였다.

"국장님께서 수사를 할 수 있도록 허락하신 덕분이죠. 감사합니다."

어 형사가 인사를 했다. 그런데 바로 그때였다.

"나도 정말 놀랐어요. 짝짝짝!"

정확한 한국말에 박수 소리까지!

"어, 감전일 탐정!"

감전일? 나무하라 국장의 말에 돌아보니, 이런! 정말 감전일 선배다. 어린이 형사 학교 입학식에서 보고 거의 1년 반 만에 보는 감전일은 도쿄에서 탐정으로 맹활약하는, 아이들의 우상 중 한 명이다.

"안녕하세요, 선배님?"

"안녕 못하다. 오면 온다고 미리 연락을 하지, 어떻게 신문 보고 알게 하냐! 안 그래요, 어 형사님?"

"미안하다. 네가 워낙 바쁘신 몸 아니냐."

솔직히 아이들도 일본에 오면서 감전일을 만나고 싶다고 생각하긴 했다. 하지만 워낙 명탐정으로 이름을 날린다고 하니, 괜히 바쁜데 폐가 될까 하여 미리 연락하지 않았던 것이다.

"감 탐정, 후배들 정말 멋져요. 대단해요."

나무하라 국장이 칭찬을 하자, 감전일은 우쭐거리며 말했다.

"그럼요. 제 후배들인데 당연하죠, 하하하."

알고 보니 국장과 감전일은 꽤 친한 사이였다. 그동안 감전일이 도쿄 CSI가 사건을 해결하는 데 꽤 많은 도움을 주었기 때문이라고 한다.

"그래서 내가 특별히 선물을 하나 준비했지."

선물이라는 말에 아이들은 모두 귀가 솔깃해져 동시에 물었다.

"선물이요? 뭔데요, 선배님?"

"사건."

뭐? 사건? 그게 무슨 선물이란 말인가!

"이게 보통 사건이 아니거든. 아~주 골치 아픈 사건이지. 내가 가장 행복할 때가 언젠 줄 알아? 절대 안 풀리는 사건, 머리가 지끈지끈 아픈 사건을 해결해 냈을 때지. 그래서 특별히! 내게 들어온 사건을 너희한테 선물하겠다~, 이거지. 어때, 진심으로 고맙지? 하하하."

이런! 이걸 진짜 고마워해야 할지, 아니면 됐다고 해야 할지.

감전일이 사건에 대해 간단히 이야기해 주었다. 사건은 이틀 전, 밤 9시 10분쯤 도쿄 미나쿠 구에 있는 한 가정집에서 일어난 화재 사건. 곧바로 소방차가 출동했으나, 워낙 오래된 일본 전통 나무 집이어서 삽시간에 집의 반 이상을 태우고 9시 25분쯤 겨우 꺼졌는데, 안주인인 다카하시 요코가 안방에서 불에 타 숨진 상태로 발견되었다.

"경찰 수사가 어떻게 진행되고 있는지는 미나쿠 경찰서의 니시무라 반장을 찾아가면 자세히 말해 줄 거야. 내가 말해 놓았으니까."

"선배님이 경찰이랑 같이 수사하기로 한 사건이에요?"

요리가 묻자, 감전일이 고개를 저으며 대답했다.

"아니, 난 탐정이잖아. 어젯밤 경찰과 별도로 사건을 수사해 달라는 의뢰가 들어왔거든."

"누가요?"

"피해자의 언니."

"경찰이 수사하고 있는데, 따로 선배님한테 의뢰한 이유가 뭐예요?"

이번에는 달곰이가 물었다.

"이유는 직접 물어봐."

그러면서 감전일은 피해자 언니의 전화번호와 이름이 적힌 쪽지를 내밀었다. 그러고는 어 형사에게 물었다.

"어 형사님, 일본 구경 하나도 못하셨죠?"

"어? 어. 첫날에 머지다는 가 봤지."

"에이, 그거 가지고 되나요. 일본까지 오셨는데……. 애들이 사건 해결할 동안 제가 싹~ 구경시켜 드릴게요."

"정말? 전일아, 너 밖에 없다~."

어 형사가 감전일을 와락 껴안고 좋아하자, 아이들은 야유를 보냈다.

"우~, 그러는 게 어디 있어요? 저희는요?"

그러나 이미 소용없는 일. 결국 아이들은 울며 겨자 먹기로 새로운 사건을 맡게 되었다.

수상한 화재 사건

아이들은 곧바로 어떻게 수사를 진행할지 의논하기 시작했다.

"문제는 우리 중에 일본어를 할 줄 아는 사람이 혜성이뿐이야."

요리가 말하자, 영재가 별일 아니라는 듯 말했다.

"에이, 영어로 하면 되지. 영어는 모두 좀 하잖아."

"듣는 사람도 영어가 돼야 하지. 영어 모르는 사람들도 있을 텐데."

정말 외국에 나오니, 제일 문제가 되는 것은 언어. 아이들은 외국어 공부를 좀 더 열심히 해야겠다는 생각이 들었다. 혜성이가 말했다.

"그럼 요리랑 달곰이는 경찰서에 가서 사건 진행 과정을 알아보고, 현장에 가 봐. 나랑 영재는 피해자의 언니부터 만나 볼게."

아이들은 각자 흩어져 수사를 시작했다. 요리와 달곰이는 지하철을 타고 미나쿠 경찰서로 향했다. 니시무라 반장은 둘을 반갑게 맞아 주었다. 게다가 영어도 잘하니, 의사소통에는 전혀 문제가 없었다.

"정말 대단한 분들이 오셨네요. 신문에서 봤습니다. 영광입니다."

예상치 못한 환대에 요리와 달곰이는 조금 당황스러웠지만, 그래도 호의적인 니시무라 반장의 태도에 참 다행이다 싶었다. 알고 보니 니시무라 반장은 감전일과 형, 동생할 정도로 아주 친한 사이였다. 니시무라 반장은 친절하게 사건을 설명해 주었다.

"피해자는 그 집 안주인인 다카하시 요코. 부검이 진행되고 있는데, 발 부분을 제외하고는 거의 다 불에 탔어요. 그래서 죽은 원인을 밝혀

내기 쉽지 않아요. 그리고 처음 불이 난 곳은 안방 문 쪽. 책을 쌓아 놓고 불을 질렀어요. 머리를 불이 붙는 쪽으로 놓고 시신에 옷가지를 덮고 그 위에 시너를 뿌려서 불길이 크게 번지게 했어요. 발까지 타기 전에 불을 꺼서 발 부분만 남은 거죠."

그러자 요리가 조심스럽게 물었다.

"그렇다면 누군가 살해했다는 건데 증거물은 없었나요?"

"안방과 마루에 걸쳐서 여기저기 물건이 흩어져 있었어요. 강도가 들었던 것 같은데 지금 물건을 확보해 조사 중이에요. 문제는 불에 타서 지문이 다 지워졌다는 거죠. 그래서 우리 경찰에서는 목격자가 있는지 여부와 주변 불량배들의 알리바이 등을 조사하고 있습니다."

그렇다면 경찰은 강도가 침입해 물건을 훔친 후 피해자를 살해하고, 증거물을 없애기 위해 불을 질렀다고 보는 것이다.

요리와 달곰이는 일단 화재 현장으로 갔다. 들은 대로 집의 반 이상이 타 버려 거의 형체를 알아볼 수 없었다. 남은 창문이 다 닫혀 있고, 안방으로 여겨지는 곳에 처음 불길이 솟은 자국이 남아 있었다. 아직까지 시너 냄새와 매캐한 연기가 가시지 않아, 요리와 달곰이는 마스크를 쓰고 집 안을 살펴보기 시작했다.

그나마 형체를 알아볼 수 있는 곳은 부엌 쪽. 그러나 식탁뿐 아니라 싱크대 위쪽의 냄비, 주전자까지도 모두 그을음으로 덮여 있어 그 어떤 흔적도 찾아내기 힘들었다. 요리는 이상하다는 생각이 들었다.

"불이 처음 난 곳은 안방 문 쪽. 피해자는 안방 한가운데, 불길 쪽으로 머리를 두고 있었다. 2미터쯤 떨어져 있네. 그런데 이상하지 않아? 시신을 태울 생각이었다면, 왜 처음부터 시신에 불을 지르지 않았을까?"

그러자 달곰이가 의견을 말했다.

"도망가는 데 걸리는 시간을 벌기 위해서가 아니었을까? 갑자기 불길이 치솟으면 사람들이 금방 몰려들 테고, 그럼 도망갈 시간이 없을 거 아냐. 그러니까 불이 천천히 나도록 한 다음, 그사이에 도망간 거지. 한여름인데 집 안의 창문을 다 닫아 놓은 것만 봐도 그런 것 같아. 창문을 열어 놓으면 바람이 들어오기 때문에 불이 더 빨리 번지거든."

그럴 수도 있겠다. 그러면 강도는 피해자를 살해한 뒤 불을 질렀다는 말인데 살해 도구는 무엇일까? 남아 있을지도 모를 살해 도구를 찾아 요리와 달곰이는 집 안을 뒤졌다. 하지만 아무것도 발견하지 못했다.

한편, 혜성이와 영재는 피해자의 언니를 만나고 있었다.

"왜 사건을 따로 의뢰하신 거죠? 경찰 수사가 맘에 안 드셨나요?"

그러자 피해자의 언니는 눈물까지 그렁그렁하면서 말하기 시작했다.

"경찰은 강도의 소행이라고 생각하고 있어요. 그런데 아무리 생각해도 아니라는 생각이 들어서요. 흑흑흑."

그을음은 왜 생길까?

'그을음'이란 물질이 불에 탈 때 연기에 섞여 나오는 검은 먼지 모양의 가루를 말해. '검댕'이라고도 하지. 물질이 불에 탈 때 산소가 충분히 공급되면 물질에 들어 있던 탄소는 산소와 결합해 이산화탄소(CO_2)가 돼. 그런데 물질이 불에 탈 때 산소가 충분하지 않으면 일산화탄소(CO)가 생기고, 남은 탄소(C)가 그을음으로 나타나게 되지.

"그럼 혹시 범인일 거라고 생각하는 사람이 있나요?"

"요코의 남편이요."

뭐? 피해자의 남편? 둘은 당황했다. 혜성이가 다시 물었다.

"왜요? 그렇게 생각하는 이유가 뭐죠?"

"동생 부부는 평소에 사이가 굉장히 안 좋았어요. 그래서 한 달 전부터 이혼 소송을 하고 있었죠. 이유는 남편의 도박. 도박의 유혹에서 벗어나지 못해 결혼 10년 동안 재산을 다 없애고 빚도 엄청나게 많이 졌거든요. 최근에는 여기저기 빚 독촉에 아주 힘들어 했어요."

그래도 그렇지, 그렇다고 남편이 부인을 죽였단 말인가? 그때 피해자의 언니가 간절한 눈빛으로 말했다.

"괜한 의심일 수도 있지만, 그래도 분명하게 밝혀 주세요. 그냥 이렇게 수사가 마무리되면 두고두고 마음에 걸릴 것 같아요. 불쌍한 내 동생, 어떻게 죽었는지는 확실하게 알고 싶어요. 흑흑흑."

정리해 보면, 경찰은 강도의 소행으로 결론지으려고 하는데, 피해자의 언니는 피해자의 남편이 범인일 수도 있다고 생각하고 있다. 혜성이와 영재는 당황스러웠지만, 피해자의 남편을 만나야겠다고 생각했다.

남편의 알리바이

혜성이와 영재는 곧바로 피해자의 남편을 만나러 갔다. 피해자의 시신은 부검 중이라 장례를 치를 수도 없는 상황. 그는 회사에 있었다. 살균제를 만드는 작은 공장이었다. 피해자의 언니가 경찰과는 별도로 탐정에게 수사를 의뢰했다고 하니, 피해자의 남편은 황당한 표정이었다. 그러나 자신을 의심하는 것까지는 아직 모르는 눈치였다.

"경찰이 어련히 알아서 할 텐데 탐정까지 고용하다니, 이해가 안 가네요. 하지만 협조는 하겠습니다."

"감사합니다. 그날 집에 불이 난 건 언제 아셨나요?"

혜성이가 최대한 예의를 갖춰 질문하자 피해자의 남편이 대답했다.

"그날 야근이 있어서 늦게까지 일하고, 집에는 9시 30분쯤 갔어요. 그런데 우리 집 앞에 사람들이 웅성거리며 모여 있어서 무슨 일인가 했더니, 집에 불이 나 거의 다 타고 아내는 죽었다는 거예요. 어떻게 그런 일이……. 너무 놀라고 기가 막혀서……."

피해자의 남편은 그때 일이 생각나는지 잠시 말을 잇지 못했다. 그리고 잠시 후 마음이 좀 안정되었는지 말을 계속했다.

"경찰의 말로는 집 안 여기저기에 물건들이 흩어져 있고, 시너를 뿌려 불을 지른 것으로 봐서 강도의 소행 같다고 하더라고요."

그것까지는 다 알고, 그렇다면 좀 더 센 질문 하나.

"평소 두 분의 사이가 안 좋았다던데, 이혼 소송 중이었다면서요?"

그러자 피해자의 남편은 갑자기 버럭 화를 내며 물었다.

"누가 그래요? 아내의 언니가 그러던가요? 그래서 내가 죽였다고?"

"죽였다고는 안 했습니다. 이혼 소송 중이었냐고 물었을 뿐입니다."

혜성이가 또박또박 대답하자, 피해자의 남편은 화를 참으며 대꾸했다.

"맞습니다. 이혼 소송 중이었습니다."

"그날의 알리바이에 대해서 말씀해 주세요."

혜성이가 다시 물었다. 상황이 이렇게 되니, 피해자의 남편도 자신의 알리바이를 적극적으로 증명할 수밖에 없는 처지.

"방금 말했잖아요. 회사에서 야근하다가 9시 10분쯤 나왔어요. 지하철 타고 집에 온 시간이 9시 30분쯤. 부하 직원하고 같이 왔으니, 확

인해 보세요. 내가 그때 돌아왔다는 것은 동네 사람들도 다 본 사실입니다."

"알았습니다. 확인해 보겠습니다."

혜성이와 영재는 그날 남편과 함께 퇴근했다는 부하 직원을 만났다.

"맞습니다. 제가 같이 퇴근했습니다. 같은 동네는 아니지만 지하철은 같이 타거든요. 9시 10분쯤 됐을 거예요. 아! 그리고 가다가 목마르지 않느냐고 공장장님이 편의점에서 음료수를 사 주셔서 마시고 갔어요."

"지하철을 탄 것은 몇 시쯤이었죠?"

"정확하게는 모르겠지만 9시 20분 조금 넘었을 거예요. 회사에서 지하철까지 5분 정도 걸리는데 음료수도 마셨으니."

그러고 나서 피해자의 남편은 두 정거장을 가서 미나쿠 역에서 내렸고, 그 직원은 계속 타고 갔다고 한다. 그렇다면 피해자의 남편이 말한 알리바이가 정확하게 맞을 뿐 아니라 증인까지 확실하게 있는 상황.

이제 어떡한다? 남편의 알리바이를 뒤엎을 만한 증거를 찾아야 하는데……. 그때였다. 영재가 의문을 제기했다.

"그런데 만약 진짜 남편이 아내를 죽였다고 가정한다면, 왜 죽였을까? 사이가 안 좋았다니까 혹시 싸우다가 홧김에?"

그러자 혜성이가 뭔가 생각난 듯 말했다.

"가만! 남편이 도박을 했다고 했잖아. 그래서 빚이 많았고, 빚 독촉 때문에 힘들어 했다고. 그럼 혹시 돈 때문이 아니었을까?"

"에이, 그렇다고 아내를 죽이면 돈이 나오나?"

말도 안 된다는 듯 말하던 영재, 갑자기 번뜩 생각나는 것이 있었으니!

"아니지! 보험금!"

혜성이도 소리쳤다.

"그래! 그럼 피해자의 이름으로 보험 든 게 있는지 알아보자."

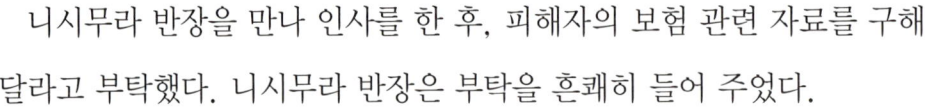

혜성이와 영재는 곧바로 경찰서로 향했다.

니시무라 반장을 만나 인사를 한 후, 피해자의 보험 관련 자료를 구해 달라고 부탁했다. 니시무라 반장은 부탁을 흔쾌히 들어 주었다.

잠시 후, 반장이 가져온 보험 가입 상황을 보니, 있다! 그것도 피해자의 이름으로 세 건이나. 보험에 든 시기도 한 달 전. 이혼 소송을 시작할 때와 비슷한 시기였다. 피해자가 사망하면 보험금은 다 남편이 받게 되어 있으니, 이 정도면 충분히 의심이 간다. 반장도 고개를 끄덕였다.

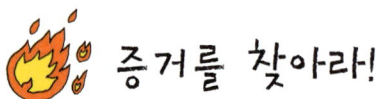 증거를 찾아라!

하지만 피해자의 남편이 보험을 들었다는 이유만으로 범인으로 단정

할 수는 없다. 보다 확실한 증거를 찾아야 한다.

마침 요리와 달곰이가 경찰서로 돌아왔다. 아이들은 피해자의 언니가 말한 대로 일단 피해자의 남편을 유력한 용의자로 놓고 증거를 찾아보기로 했다. 영재가 먼저 의문을 제기했다.

"그런데 어떻게 피해자의 남편이 불을 질렀을까? 불이 나기 시작한 시간에 분명히 회사에 있었잖아."

그때였다.

"가능할 수도 있어."

혜성이었다. 가능할 수도 있다니?

"회사에서 집까지의 거리는 지하철로 두 정거장. 걷는 시간까지 합쳐도 10분에서 15분 정도면 충분히 왔다 갔다 할 수 있는 거리야."

그러자 요리가 깜짝 놀라며 말했다.

"그래? 그럼 피해자의 남편이 범인일 수 있겠다. 현장에 가 보니까 이상한 점이 있더라고. 불이 처음 난 곳은 안방 문 쪽. 그런데 피해자가 있던 곳은 그곳에서 2미터 정도 떨어진 안방 한가운데였어."

달곰이가 말을 이었다.

"시신을 태울 생각이라면 처음부터 시신에 불을 지르는 것이 당연하잖아. 그런데 그렇게 하지 않은 건 시간을 벌기 위해서였던 거야. 갑자기 불길이 치솟으면 사람들이 금방 몰려들 테고, 그럼 도망갈 시간이 없을 테니까 불이 천천히 나도록 하고 도망간 거지."

"하지만 그건 보통 강도라도 그렇게 하지 않았을까? 강도도 도망갈 시간이 필요하니까."

영재가 의문을 제기하자 혜성이가 대답했다.

"맞는 말이야. 하지만 피해자의 남편에게도 충분히 도망갈 시간을 주었다고도 해석할 수 있지. 10분에서 15분쯤 후에 불이 일어난다면, 남편은 그 시간에 이미 회사에 도착해서 알리바이를 만들 수 있으니까."

그래, 바로 그거다! 그런데 요리가 또 의문을 제기했다.

"그렇다면 10분에서 15분 사이에 부인을 죽이고 불까지 질렀단 말인데, 그게 가능할까? 너무 짧은 시간 아니야?"

그러자 달곰이도 말했다.

"그렇다면 살해 도구를 집에 그대로 남겨 뒀을 가능성이 큰데, 왜 아무리 찾아도 없을까?"

그런데 갑자기 영재가 물었다.

"일본 지하철에도 CCTV 있나?"

"있지."

당연하다는 듯 대답하던 혜성이. 순간, 영재가 왜 물었는지 알았다.

"아, 맞다! 지하철에 있는 CCTV. 그걸 조사해 보면 되겠다!"

그러자 요리가 말했다.

"좋아, 그럼 너희는 지하철 CCTV 데이터를 봐. 나랑 달곰이는 다시 현장에 가 볼게."

혜성이와 영재는 곧바로 니시무라 반장에게 부탁해 피해자 남편의 공장 근처에 있는 요센 역과 집 근처에 있는 미나쿠 역의 CCTV 데이터를 받았다. 그리고 분석하니, 피해자의 남편은 9시 22분에 요센 역에서 지하철을 타고, 9시 28분에 미나쿠 역에서 내렸다. 그렇다면 그 이전엔?

데이터를 앞으로 돌려 찾으니, 있다! 9시에 미나쿠 역에서 지하철을 타고 9시 6분에 요센 역에서 내리는 모습. 데이터를 더 앞으로 돌리니, 8시 40분에 요센 역에서 지하철을 타서 8시 46분에 미나쿠 역에서 내리는 모습. 그렇다면 그는 8시 35분에 회사에서 나와 8시 50분에 집에 들렀다가 9시 10분에 다시 회사로 왔다는 얘기가 된다. 그때였다.

"어, 이상해. 옷이 바뀌었어."

요센 역 CCTV 화면

영재가 갑자기 시간 순서대로 데이터를 재생했다. 그렇다. 처음 집에 갈 때에는 일상복 차림인데, 다시 집에 갈 때에는 작업복 차림이다.

"불을 지르러 갔을 때 입었던 일상복에 뭔가 묻었을 거야. 그래서 할 수 없이 공장에서 작업복으로 갈아입고 퇴근한 거지. 들킬까 봐."

"뭐가 묻었다? 가만, 시너! 시너가 묻었을 수도 있겠다!"

주전자 안의 흰 물질은?

한편, 요리와 달곰이는 사건 현장을 다시 샅샅이 뒤졌다. 아까는 주로 칼처럼 흉기가 될 만한 것을 찾았다면, 이번엔 모든 가능성을 열어 두고 그릇 뚜껑 하나하나까지 다 열어 보기 시작했다. 그런데 주전자 뚜껑을 연 요리가 이상하다는 듯 말했다.

"어, 이게 뭐지?"

주전자 안에는 하얀 가루가 아주 조금 말라붙어 있었다. 와서 본 달곰이가 말했다.

"설탕이네."

그런데 요리는 아무리 봐도 설탕이 아닌 것 같았다.

"분명히 설탕은 아니야. 조사해 봐야겠어."

요리와 달곰이는 주전자를 가지고 곧바로 경찰서로 돌아왔다. 경찰서에서 기다리던 혜성이와 영재도 달려들었다. 요리는 현미경으로 주전자 안에 있던 가루를 관찰했다.

"광택이 있고, 색깔은 없고, 결정 모양은 육각형의 물고기 비늘 모양이라······. 가만, 뭐더라? 아, 맞다! 붕산! 이건 바로 붕산이야."

"붕산?"

다른 아이들이 동시에 물었다.

"응. 좀 더 정밀하게 분석해 봐야겠지만, 확실해."

"그런데 이게 왜 주전자에 들어 있지? 붕산도 먹을 수 있어?"

달곰이가 이상하다는 듯 묻자, 요리가 말도 안 된다는 듯 대답했다.

"무슨 소리야! 붕산을 먹으면 큰일 나. 가만, 그럼 혹시 이걸로 중독시킨 게 아닐까? 붕산은 많은 양을 섭취하면 중독되거든. 세계 보건 기구(WHO)의 보고서에 따르면 어린이는 3~6그램, 성인은 15~20그램을 들이마실 경우 사망할 수 있어. 붕산은 색이 없는 결정이나 흰색 가루로 존재하는데 물에 잘 녹아. 소독약과 살충제, 살균제에 쓰이지."

그때였다. 혜성이가 깜짝 놀라며 말했다.

"살균제? 맞다! 남편이 살균제 공장 공장장이잖아!"

그렇다! 피해자의 남편은 붕산 중독에 대해서 잘 알았을 것이고, 손쉽게 구할 수 있는 붕산으로 범행을 했을 가능성이 있다. 그런데 이번에는 영재가 의문을 제기했다.

"그런데 이상하지 않아? 왜 붕산을 주전자에 넣었지? 그리고 왜 그걸 남겨 뒀을까? 불을 지르면 다 타서 없어질 줄 알고 그랬나?"

"물론 그랬을 수도 있어. 하지만 내 생각엔 붕산이 다시 나타날지 몰랐기 때문이 아닌가 싶어."

"붕산이 다시 나타나다니?"

아이들이 동시에 물었다. 그러자 요리는 차근차근 설명했다.

"피해자의 남편은 주전자에 붕산을 넣어 둔 것이 아니라, 주전자에 물을 끓여서 붕산을 녹인 거야. 소금을 물에 녹이면 소금물이 되잖아? 이때 녹는 물질인 소금을 '용질', 녹이는 물질인 물을 '용매'라고 해. 그 결과 나온 소금물을 '용액'이라고 하지. 이 경우는 붕산이 용질, 물이 용매야. 그런데 일정한 온도, 일정한 양의 용매에 녹을 수 있는 용질의 양은 정해져 있어."

"그래서 어떤 온도에서 용매 100그램에 가장 많이 녹을 수 있는 용질의 그램수를 '용해도'라고 하잖아."

역시 지식의 왕, 혜성이다. 그러자 요리가 다시 말을 이었다.

"맞아. 그럼 어떻게 같은 양의 물에 더 많은 붕산을 녹일 수 있을까? 그 방법 중 하나는 물의 온도를 높이는 거야. 즉, 뜨거운 물은 찬물보다 더 많은 양의 붕산을 녹일 수 있다는 말이지. 붕산은 적은 양으로는 중독 증세가 급격하게 나타나지 않아. 그러니까 한꺼번에 많은 양의 붕산을 써야 사망에 이르게 할 수 있다고 생각했겠지."

> **붕산이 방부제로 쓰였다?**
>
> 붕산에는 약한 살균력이 있어. 이전에는 비교적 독성이 적다고 하여 고기나 식용 기름의 방부제로도 사용된 적이 있지. 하지만 중독의 위험이 밝혀지면서 지금은 식품 방부제로 전혀 쓰이지 않고 있어. 그래도 아직은 많은 색조 화장품, 피부 및 모발 관리 제품, 땀 냄새 방지제, 구취 제거제, 면도용 크림 등에 사용되지.

이번에는 달곰이가 물었다.

"그런데 붕산이 다시 나타난다는 건 무슨 말이야?"

"물의 온도가 높을수록 붕산이 더 많이 녹는다는 말은, 물의 온도가 낮을수록 녹을 수 있는 붕산의 양이 줄어든다는 말이야. 피해자의 남편은 주전자에 있는 붕산 용액을 다 따른 줄 알았지만, 사실 조금 남았던 거야. 우리도 주전자에서 물을 따르다 보면 다 따른 줄 알았는데 밑에 조금 남곤 하잖아. 그런데 물이 점점 식어 온도가 낮아지니까 녹을 수 있는 붕산의 양이 적어지면서 나머지가 하얀 결정으로 남은 거야."

"그럼 미리 피해자를 붕산 중독으로 죽인 다음, 강도가 침입한 것처럼 꾸미고 불을 질렀단 말이네."

영재의 말에 요리가 한숨을 쉬며 말했다.

"피해자가 붕산 중독이라는 것만 확인할 수 있으면 좋겠는데……."

"붕산에 중독되면 어떻게 되는데?"

달곰이가 물었다.

"붕산 중독은 일반적으로 구토, 설사, 탈진, 경련 등이 생기고 붉은색 발진이 손바닥이나 발바닥, 엉덩이 등에 특히 많이 생겨. 심각한 경우는 한 시간 내에 증상이 나타나 네 시간 안에 사망할 수도 있어."

그러자 달곰이에게 번뜩 생각나는 것이 있었다.

"가만, 아까 니시무라 반장님이 그랬잖아. 발 부분을 제외하고 거의 다 탔다고. 발바닥에 발진이 생겼다면, 혹시 남아 있지 않을까?"

아이들은 곧바로 니시무라 반장에게 지금까지 수사한 결과를 말했다. 그리고 부검의에게 발바닥에 발진이 있는지 알아봐 달라고 했다.

"있어요. 그렇지 않아도 단순한 피부염인지, 아니면 약물 중독에 의한 발진인지 검사하고 있었어요."

부검의는 붕산 중독이 의심된다는 아이들의 말을 듣고, 혈액 검사를 통해 붕산 중독에 의한 발진임을 확인해 주었다.

곧바로 피해자의 남편이 용의자로 체포되었다. 그리고 공장 사물함에 숨겨 놓은 옷을 찾아내 검사한 결과, 셔츠와 바짓단에서 시너 자국을 찾아냈다. 확실한 증거 앞에 피해자의 남편은 자신의 범죄를 인정할 수밖에 없었다.

"죽을죄를 지었습니다. 내가 도박에 미쳐서 그만……."

"그렇다고 돈 때문에 부인을 죽여요?"

니시무라 반장이 버럭 소리를 질렀다.

"우리는 사이가 아주 나빴어요. 내가 도박에 빠져 돈도 많이 날리고 집에 소홀하기는 했지만, 아내가 나를 짐승 취급하는 걸 견딜 수 없었어요. 빚 독촉에도 시달리다 보니……. 내가 돌았던 거죠. 흑흑흑."

결국 아내를 죽이고 보험금을 타기로 계획한 피해자의 남편은 마침 피해자가 감기에 걸려 몸져눕자, 공장에서 가져온 붕산을 물에 타 진한 용액을 만들고 약이라고 속여 피해자에게 먹였다고 한다.

　많은 양의 붕산을 먹고 곧바로 중독 증세가 나타난 피해자는 5시간 만에 사망했다. 피해자의 남편은 알리바이를 위해 아무 일 없다는 듯 버젓이 출근했다가 야근하는 공장 직원들에게 자신의 모습을 비추고, 잠깐 시간을 내 집에 와 불을 질렀다. 그리고 다시 공장으로 가 부하 직원과 함께 퇴근함으로써 완벽한 알리바이를 꾸며 낸 것이다.

감전일의 선물

　"수고했어. 짝짝짝!"

　가만, 이 낯익은 목소리에 박수 소리! 역시 감전일이었다. 그 뒤에는 뭐가 그리 좋은지 어 형사가 실실 웃고 있었다. 니시무라 반장이 물었다.

　"그런데 감 탐정, 아무리 생각해도 신기하네. 아까 어린이 형사들이 오늘 안에 사건을 해결할 거라고 했잖아. 그걸 어떻게 확신했지?"

　감전일이 그런 소리를 했단 말인가! 아니, 이건 또 무슨 자신감? 그러자 갑자기 감전일이 물었다.

　"얘들아, 탐정이 가져야 할 가장 중요한 능력이 뭔지 아니?"

　그걸 질문이라고 하나? 아이들이 대답했다.

"당연히 추리 능력이죠."

그러자 감전일은 고개를 저으며 말했다.

"아니, 아니야. 탐정이 가져야 할 가장 중요한 능력은 바로 믿을 수 있는 것과 믿을 수 없는 것을 명확하게 구분할 줄 아는 거야. 용의자나 사건에 연관된 사람들, 그리고 증거물까지, 이 중에는 믿을 수 있는 것도 있지만 믿지 못할 것들도 많지. 그렇기 때문에 어떤 것이 진실이고 어떤 것이 거짓인지 알아내는 능력은 아주 중요해. 어떤 것이 진실인지만 알아낸다면, 추리는 그것들을 잘 엮어 놓기만 하면 돼. 진실들이 엮이고 엮여서 사건의 진실이 되는 거니까."

순간, 아이들 모두는 아무 말도 할 수가 없었다. 뭐라고 할까? 명탐정만이 할 수 있는 깊고 심오한 철학적인 말이라고나 할까? 감전일은 니시무라 반장에게 말했다.

"저는 제 후배들에게 그런 능력이 충분히 있을 거라고 믿었어요. 그래서 사건을 빨리 해결할 거라고 한 거죠. 멋있죠, 제 후배들?"

아, 감동적이다. 역시 명탐정은 아무나 되는 게 아니라니까! 감전일이 물었다.

"어때, 선물 고마웠지?"

"네!"

아이들에게 멋진 경험과 배움의 기회를 주었을 뿐 아니라, 굳게 믿어 준 감전일. 아이들은 이제야 그의 마음을 알 수 있었다.

요리가 들려주는
사건 해결의 열쇠

화재로 위장한 강도 사건인 줄 알았던 사건이 보험금을 노린 남편의 범행임을 밝혀낸 사건 해결의 열쇠는 물질의 '용해'에 대해 잘 아는 거야.

💡 용액과 용해

물에 설탕을 넣고 잘 저어 주면 어떻게 되지? 설탕은 온데간데없이 사라지고, 맛을 봐야 설탕이 들어 있는지 알게 되지. 이는 설탕이 물에 고르게 섞여서 녹았기 때문이야. 이렇게 한 가지 물질이 다른 물질에 고르게 섞이는 현상을 '용해'라고 하고, 이 혼합물을 '용액'이라고 해. 그리고 용액에서 설탕처럼 녹는 물질을 '용질', 물처럼 녹이는 물질을 '용매'라고 하지.

이런 용액은 색깔이 있더라도 투명하고, 오래 두어도 가라앉거나 뜨는 것이 없어. 미숫가루를 탄 물은 오래 두면 미숫가루가 다시 가라앉기 때문에 용액이 아니지.

〈용해와 용액〉

그렇다면 설탕을 녹이면 어디로 갈까? 설탕은 눈에 보이지 않을 정도의 작은 분자로 쪼개져서 물속에 골고루 퍼져 있지. 물에 설탕을 넣으면 설탕 분자끼리 당기는 힘보다 물 분자가 설탕 분자를 당기는 힘이 커. 그래서 설탕 분자는 서로 떨어져 물 분자 사이로 들어가게 되지.

설탕을 물에 녹이기 전에 무게를 각각 재어 더하고, 설탕을 물에 완전히 녹인 다음 설탕물의 무게를 재 봐. 어때? 두 무게가 똑같지? 이 사실을 봐도 설탕은 물속에 그대로 녹아 있다는 걸 알 수 있지.

💡 용매와 용질

2개의 헝겊 주머니에 소금을 넣고 실로 묶은 다음, 각각 물과 아세톤이 담긴 투명한 그릇에 넣어 봐. 어떻게 될까? 물에 넣은 주머니에서는 소금이 아지랑이처럼 녹아 내리면서 주머니가 작아져. 그런데 아세톤에 넣은 주머니에서는 아무 변화가 없지?

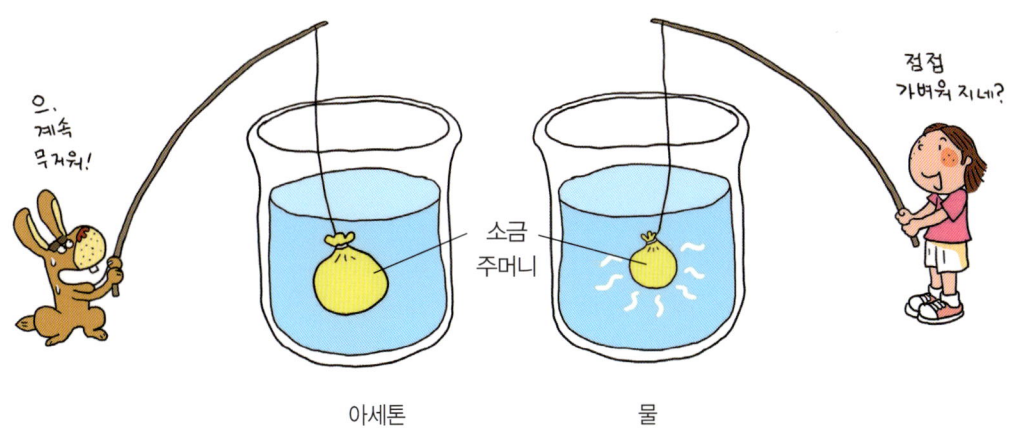

〈용매에 따른 소금의 용해〉

이처럼 용매에 따라 녹는 용질은 서로 달라. 소금은 물에 잘 녹지만 아세톤에 안 녹지. 레몬이나 사과 등 과일에 들어 있고 신맛을 내는 시트르산은 물과 아세톤 모두에 녹아. 방충제의 원료로 쓰는 나프탈렌은 아세톤에는 녹지만 물에는 녹지 않지. 그리고 대리암이나 석회암, 달걀 껍데기 등에 들어 있는 탄산칼슘은 물과 아세톤 모두에 녹지 않아.

액체끼리 섞었을 때에도 섞이는 것과 섞이지 않는 것이 있어. 물과 식용유는 절대 안 섞여. 수성 잉크는 물에 잘 섞이고, 유성 잉크는 기름에 잘 섞이지.

💡 빨리, 많이 녹이기

그렇다면 용질을 빨리, 그리고 많이 녹일 수 있는 방법은 무엇일까?

첫 번째 방법은 빨리 저어 주는 거야. 설탕을 물에 넣고 그대로 놓아두었을 때와 숟가락으로 저어 줄 때를 비교하면 저어 줄 때가 빨리 녹지.

두 번째 방법은 용매의 온도를 높이는 거야. 찬물과 뜨거운 물에 각각 설탕을 넣어 보면 찬물에서는 한참을 저어도 잘 안 녹는데, 뜨거운 물에서는 저어 주기도 전에 많이 녹는 것을 볼 수 있잖아.

세 번째 방법은 용질의 알갱이를 작게 하는 거야. 각설탕과 가루 설탕을 같은 양의 물에 넣어 보면, 가루 설탕이 더 빨리 녹는 것을 볼 수 있어.

> 물의 온도가 높을수록 많이 녹아.

💡 용해도와 결정 만들기

　어떤 온도에서 용매 100g에 최대로 녹을 수 있는 용질의 g수를 '용해도'라고 해. 아래 그래프와 같이 용해도는 용매의 온도가 높을수록 증가하지. 이는 용매의 온도가 높을수록 더 많은 용질이 녹는다는 말이야.

　그렇다면 높은 온도의 용매에 용질을 녹였다가 용매의 온도를 낮추면 어떻게 될까? 붕산을 예를 들면, 80℃에서 물 100g에 녹을 수 있는 붕산의 양은 27.5g이야. 하지만 물의 온도가 20℃로 낮아지면 3.6g만 녹을 수 있지. 결국 그 차이인 23.9g은 다시 하얀 결정이 되어 밑으로 가라앉아.

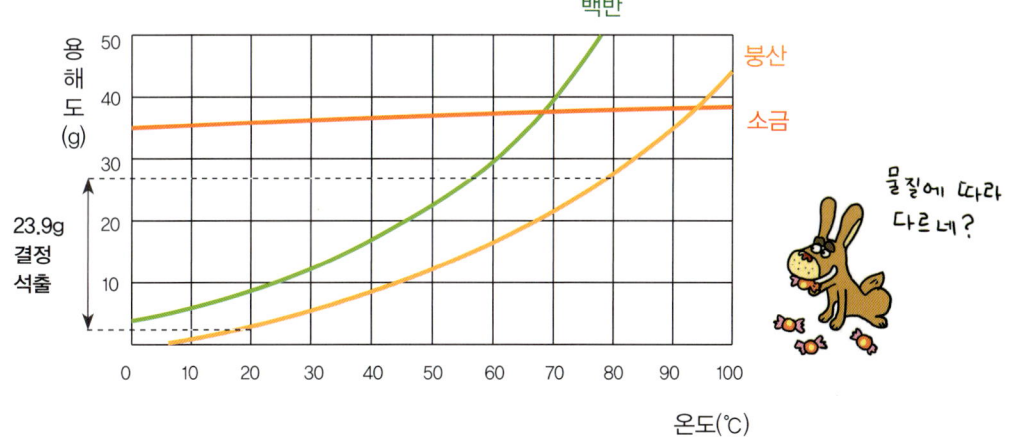

〈여러 가지 물질의 용해도 곡선〉

　그러니까 생각해 봐. 남편은 붕산을 많이 녹이기 위해 물을 끓여서 녹였어. 하지만 시간이 지나고 주전자에 남아 있던 붕산 용액의 온도가 낮아지자, 녹지 못한 붕산이 하얀 결정으로 남은 거야. 그래서 남편이 아내를 붕산 중독으로 살해했다는 사실을 밝혀낼 수 있었지. 이젠 알겠지?

■ 핵심 과학 원리 – 새의 특징

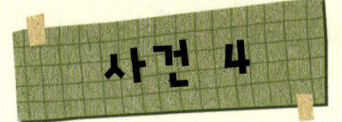

범인은 증거를 남긴다

"시신이 많이 부패된 상태라 아직 정확하게는 안 나왔어.
부검 결과 묻힌 지 1년 정도는 된 것 같다더군."

변사체가 발견되다

　일본에서 돌아온 후 개학까지는 2주일 정도 남았는데 집에 가만히 있으려니 아이들은 자꾸 불안한 마음이 들었다.

　이유는 바로 졸업 시험. 이제 마지막 한 학기만 보내면 어린이 형사 학교를 졸업하는데, 졸업을 하기 위해서는 가장 큰 관문인 졸업 시험을 통과해야 한다. 그런데 문제는 그 졸업 시험이 절대 만만치가 않다는 것. 졸업 시험은 입학 시험과 마찬가지로 3차까지 치러지며, 그중 1차 시험에서는 그동안 배운 모든 과목을 본단다. 과목 수만 해도 30과목이 넘는 끔찍한 상황. 그러니 불안한 건 당연한 일 아니겠는가!

　결국 혜성이가 도서관에서 같이 공부하자는 제안을 했고 다른 아이들도 모두 동의하니, 달곰이도 서울로 올라오고 말았다. 요리가 제안했다.

　"내가 생각해 봤는데, 우리 매일 한 과목씩 정해서 공부하고, 저녁때 테스트 하자. 꼴찌한 사람이 1등한 사람 소원 들어 주기."

　"오, 예! 찬성!"

　마음이 이렇게 척척 맞으니 역시 환상의 CSI다. 그런데 '가는 날이 장날'이라고 하지 않던가. 공부 좀 하려고 하는데 박 교장이 아이들을 불렀다. 혹시, 사건?

　아이들이 가 보니 예상대로 큰 사건이 아이들을 기다리고 있었다. 어 형사가 곧바로 사건에 대해 간단히 설명했다.

"이틀 전 경기도 사망군 우물리의 한 폐가 뒤쪽 빈터에서 암매장된 시신이 발견됐어."

혜성이는 어제 아침 신문에서 본 기억이 났다.

"신문에서 봤어요. 그런데 누구인지 밝혀졌어요?"

"시신이 많이 부패된 상태라 아직 정확하게는 안 나왔어. 부검 결과 묻힌 지 1년 정도는 된 것 같다더군. 뼈의 밀도와 피부 상태를 검사한 결과, 키 158센티미터 정도에 50대 후반의 여성일 가능성이 크대."

"시신이 많이 부패되어 있으면, 지문 감식도 못하겠네요."

영재의 말에 달곰이가 고개를 저으며 말했다.

"아니, 가능할 수도 있어. 손이 완전히 부패하지 않았다면 '고온 처리 지문 감정 기법'을 이용하면 돼. 시간이 오래돼 말랐거나 물에 불어서 지문 인식이 아주 어려운 시신의 지문도 채취할 수 있어."

그러자 박 교장이 만족하며 말했다.

"잘 알고 있구나! 지금 국립 과학 수사 연구소에서 바로 그 고온 처리 기법을 이용해 지문 감식을 하고 있단다. 곧 결과가 나올 거야."

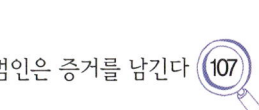

"어때, 갑자기 몸이 근질근질하지냐? 그동안 1년이나 지난 변사체 사건은 한 번도 못 맡아 봤잖아. 빨리 수사하고 싶지? 그렇지?"

어 형사가 잔뜩 수선을 피우며 말했다. 그런데 정말 희한하다. 아이들 모두 방금 어 형사가 말한 그대로의 증상이 나타난 것이다. 열심히 공부하겠다던 방금 전의 결심은 어느새 까맣게 잊어버리고, 머릿속은 사건에 대한 생각으로 가득 차 버렸다.

> ### 고온 처리 지문 감정 기법이란?
> 우리나라에서 처음 개발해 국제적으로 널리 알려진 기법이야. 시신의 손가락이 시간이 오래 지나서 말랐거나 물에 불어서 지문 인식이 어려운 경우, 손가락을 100℃의 끓는물에 3초 동안 넣었다가 빼거나 손가락에 뜨거운 물을 넣는 거야. 그러면 피부가 팽창해 땀샘이 열리면서 지문이 드러나지. 2004년 동남아시아에서 발생한 지진 해일 때 우리나라 과학 수사팀이 이 방법을 이용해 시신의 신원을 밝혀내면서 세계적으로 인정받게 되었지.

 변사체는 실종자

아이들은 시신이 발견된 곳으로 갔다. 서울에서 30킬로미터쯤 떨어진 경기도 사망군 우물리, 마을에서 조금 떨어진 산 밑에 있는 한 폐가.

마을 사람들의 말에 따르면, 이 집에 사람이 살지 않게 된 지 3년 째. 집주인이 이사를 가면서 집을 내놓았지만, 워낙 외진 곳이라 팔리지 않아 그대로 방치되어 있었다. 최근 이 동네에 전원주택 단지를 짓기 위해 건설사가 땅을 사들이면서 이곳도 팔렸고, 3일 전부터 집을 부수고 땅을 고르는 작업을 했는데 그 과정에서 시신이 발견된 것이다.

아이들이 가 보니, 폐가는 이미 거의 다 허물어졌고 땅도 여기저기 파헤쳐져 있었다.

"일단 증거가 될 만한 게 있는지부터 찾아보자."

혜성이의 말에 아이들은 시신이 발견된 주변을 샅샅이 살펴보았다. 굴착기로 여기저기 파헤쳐 놓은 상태라 증거가 있었더라도 제대로 보존되지 않았을 듯했다. 아니나 다를까, 특별한 증거는 발견되지 않았다.

그런데 그때였다. 어 형사가 전화를 했다.

"누군지 밝혀졌어. 57세, 한만은. 1년 전 실종 신고가 들어와 있더라고. 딸한테 연락했더니 곧바로 와서 확인했어."

아이들은 한만은의 딸을 만났다.

"흑흑흑. 살아 돌아오실 줄 알고 기다렸는데……. 어머니! 흑흑흑."

실종 신고 당시의 수사 일지를 보니, 한만은이 실종된 곳은 서울 강산동. 식당에서 일하던 한만은은 일이 끝난 밤 11시 30분경, 집에 가기 위해 같이 일하던 아주머니와 함께 버스를 기다렸다. 그리고 그 아주머니의 버스가 먼저 와서 가고 난 뒤 혼자 남아 버스를 기다렸다는 것이다.

"아이고, 1년이나 차디찬 땅속에 묻혀 계셨는데, 그것도 모르고……. 어머니! 어머니!"

하기야 시신이 발견된 곳은 한만은이 사라진 곳에서 50킬로미터 이상 떨어진 곳. 그것도 마을에서 떨어진 산 밑 폐가 뒤뜰에 묻혀 있었으니, 서울을 이 잡듯 뒤져도 아무 소용이 없었던 것이다. 요리가 물었다.

"혹시 그 당시 의심 갈 만한 사람은 없었나요?"

그러자 한만은의 딸은 잠시 망설이더니, 이야기를 시작했다.

"처음엔 그날 어머니랑 제일 마지막까지 같이 있었던 아주머니가 의심을 받았어. 어머니와 식당에서 오래 같이 일하셨던 분이고, 같이 계도 드셨거든."

"계요? 아, 여러 명이 돈을 모아 두었다가 차례로 한꺼번에 타는 거요?"

"응. 게다가 어머니가 실종되기 한 달 전, 어머니가 소개해서 그 아주머니가 함께 든 계가 깨졌거든. 돈을 맡아서 보관하는 계주가 돈을 다 가지고 도망가서. 그래서 어머니랑 그 아주머니 두 분 다 500만 원이라는 큰돈을 날리고 말았지. 가게에 있던 다른 아주머니의 말로는 그날도 낮에 아주머니랑 다툼이 있었던 것 같아. 계가 깨진 것 때문에."

하지만 그 아주머니는 한만은을 절대 죽이지 않았다고 끝까지 주장했고, 그날 아주머니가 탄 버스 운전사와 아파트 경비원이 아주머니가 집으로 들어갔다고 증언하면서 혐의를 벗었다고 한다.

그리고 한만은이 실종된 지 사흘 만에 드디어 목격자가 나타났는데, 목격자의 말로는 한만은이 키가 크고 양복을 입은 한 남자의 부축을 받으며 흰색 '말로타' 승용차를 탔다고 한다.

"어머니가 왜 생전 모르는 남자의 차를 타고 갔을까? 아무리 생각해도 이해가 안 가."

여하튼 그 당시 수사 본부는 목격자의 진술에 따라 흰색 말로타 승용차를 탄 양복 입은 남자의 행방을 이 잡듯이 찾았다. 하지만 아무런 단서도 잡지 못해서 해결되지 못한 사건으로 남고 말았다.

아이들은 목격자를 다시 만나 보기로 했다. 택시 운전사 양명훈.

"그 길이 워낙 외진 길이라, 버스도 잘 안 오고, 밤에는 택시도 없고. 나도 손님 태우고 갔다가 돌아 나오는 길이었지. 그런데 버스 정류장에 차가 한 대 서 있고, 아주머니가 타더라고. 남자가 부축을 하고. 남자는 뒷모습이라 얼굴은 못 봤지. 이상하게 여기지도 않았어."

"그런데 어떻게 그 사람이 범인이라는 생각이 드셨어요?"

영재가 묻자 양명훈이 다시 대답했다.

"3일쯤 지나서 그 근처에 갔다가 우연히 버스 정류장에 걸려 있는 현수막을 봤어. 실종자를 찾는다는. 그런데 시간을 보니까 내가 지나쳤던 시간이랑 비슷한 거야. 아주머니의 옷차림도 비슷하고. 순간, '그 사람이구나!' 하는 생각이 들더라고."

"그 차가 흰색 말로타라는 건 어떻게 아셨어요?"

이번에는 혜성이가 물었다.

"아유, 내가 택시 운전만 20년에 하루 종일 차만 보고 다니는데, 척 보면 척이지."

그렇다면 할 수 없다. 처음부터 다시 수사를 시작해야 한다.

"한밤중이었으니까 과속 운전을 했을 수도 있잖아. 그러니까 일단 서울 강산동에서 출발해 경기도 사망군 우물리까지 갈 수 있는 모든 이동 경로를 따라 과속한 차 중에서 흰색 말로타가 있는지 찾아보자."

영재의 말에 혜성이도 의견을 내놓았다.

"시신이 발견된 장소는 쉽게 눈에 띄는 장소가 아니야. 그것도 한밤중에 거기까지 찾아 들어가는 것은 다른 동네 사람으로는 쉽지 않지."

그러자 요리가 정리를 했다.

"그럼 달곰이랑 나는 사망군에 사는 사람 중에서 흰색 말로타를 가지고 있는 사람을 찾아볼게. 너희는 속도 위반한 차를 찾아봐."

 흰색 말로타를 찾아라!

요리와 달곰이는 곧바로 사망군 군청으로 향했다. 1년 전 흰색 말로타를 가진 사람을 찾으니, 모두 87명. 그런데 그중에서 우물리에 사는 사람은 딱 두 명이었다. 2년 전 서울에서 내려와 농사를 짓고 있다는 32세 박철민, 그 마을에서 태어나 평생을 살았다는 61세 고대로.

일단 두 사람을 용의 선상에 놓고 조사하기로 했다. 그래서 먼저 마을 이장을 찾아가 두 사람에 대해 물었는데, 이장은 영 곤란한 표정이었다.

"아이고, 그건 말도 안 되지. 말로타 가지고 있으면 다 범인인가?"

"아니요. 범인이라는 건 아니고요, 그냥 조사하는 거예요."

"흠흠. 그래도. 자기들 의심하고 있다는 거 알면 난리 날 텐데……. 내 생각엔 둘 다 절대 아니야. 고대로는 나랑 초등학교 때부터 친구니 내가 아주 잘 알지. 절대 그런 짓을 저지를 사람이 아니야. 또, 철민이는 서울서 농사짓겠다고 여기까지 내려온 젊은이야. 부지런하고 성실하고 어른들한테 예의도 바르고. 철민이도 절대 아니지."

그런데 '낮말은 새가 듣고 밤말은 쥐가 듣는다.'고 했던가. 순식간에 경찰이 마을 사람들, 특히 말로타를 가진 박철민과 고대로를 조사하러 왔다는 소식이 그들의 귀에 들어가고 만 것이다. 요리와 달곰이가 이장의 집을 막 나서는 순간, 고대로가 냅다 소리를 지르며 달려들었다.

"아유, 이 못된 놈들 같으니라고."

그러자 이장이 재빨리 고대로를 말렸다.

"왜 그래? 무슨 일이야?"

"너희가 날 범인이라고 했다면서? 봤니? 내가 죽이는 거 봤냐고!"

갑작스런 사태에 너무도 당황한 요리와 달곰이. 이제껏 별의별 수사를 다 했지만 수사 도중 몰매 맞을 위기에 처하기는 이번이 처음이었다.

"아니에요. 할아버지가 범인이라는 게 아니라 조사하는 거예요."

요리가 대답하자, 어느새 왔는지 박철민이 고대로를 말리며 나섰다.

"그래요, 어르신. 죄라면 말로타를 가지고 있는 게 죄겠죠. 하지만 잘 알아 두어라. 어르신은 물론이고, 나도 이번 사건과 절대 아무런 연관이 없어. 그래도 만약 나나 어르신이 범인이라고 생각한다면, 말로타를 가지고 있다는 거 말고 다른 증거를 대 봐. 다른 증거를!"

이런! 물론 맘 같아서는 다른 증거를 대고 싶지. 하지만 이제 막 수사를 시작하는 판에 무슨 증거가 있단 말인가. 그때였다.

"죄송합니다. 제가 대신 사과 드리겠습니다."

엥? 어 형사! 순식간에 모두의 눈이 어 형사에게 쏠리자, 어 형사는 제법 관록 있는 형사티를 내며 말했다.

"하지만 경찰은 어떠한 가능성에 대해서도 수사를 해야 합니다. 범인의 차가 말로타라는 목격자 진술이 나왔고, 시신이 이 동네에서 발견됐기 때문에 이 동네에서 말로타를 가진 분에 대한 수사는 반드시 거쳐야 할 관문입니다. 너그럽게 이해해 주시기 바랍니다."

슈퍼맨처럼 나타나 요리와 달곰이를 위기에서 구해 준 어 형사. 둘은 절로 안도의 한숨을 쉬었다.

 **범인은 증거를 남긴다**

그러나 어 형사의 차를 타고 시내로 나오는 내내, 요리는 자신이 아직

어리다는 것이 너무 속상했다. 엄연한 대한민국의 정식 경찰임에도 어리다는 이유만으로 얕잡아 본다는 생각이 들었기 때문이다. 어 형사도 그런 마음을 알았는지 슬쩍 농담을 건넸다.

"빨리 어른 되고 싶지? 어른 돼 봐라. 그게 또 그렇게 좋은 것만은 아니에요. 날 봐라. 여태 장가도 못 가고, 연애도 제대로 못하고."

개학 전까지 좀 쉬면서 한순정과 데이트도 많이 하려고 했는데 또 사건이 터지니, 어 형사 역시 힘들긴 힘든 모양이었다.

그때였다. 갑자기 달곰이가 중얼거렸다.

"범인은 반드시 현장에 증거를 남긴다!"

자다가 봉창 두들기는 것도 아니고, 갑자기 무슨 소리인지. 뭔가 하는 표정으로 요리와 어 형사가 달곰이를 쳐다보자 달곰이가 말했다.

"다시 가 봐야겠어요, 현장에. 분명히 증거가 있을 거예요."

그러니까 범인은 반드시 현장에 증거를 남기는 법이니, 지금 당장 현장에 다시 가 보겠다는 말. 평소에는 유순하다 못해 결단력 없어 보이기까지 하는 달곰이. 하지만 한번 마음먹은 것은 어느 누구도 절대 꺾을 수 없는 황소고집을 가졌으니, 어 형사는 곧바로 핸들을 돌렸다.

"그래. 가자, 가."

결국 어 형사와 요리, 달곰이는 다시 현장을 찾았다. 그러고는 시신이 발견된 주변을 이 잡듯이 찾기 시작했다. 특히 달곰이는 흙을 이리저리 뒤집어 보며 머리카락 한 올이라도 나올까 눈을 부릅뜨고 살펴보았다.

그런데 30분쯤 지났을까? 달곰이가 뭔가 발견한 듯 소리쳤다.

"이게 뭐지?"

달곰이가 흙 속에서 집어 든 것은 가늘고 기다란 털 몇 가닥.

"글쎄. 머리카락은 아닌 것 같은데."

요리의 말에 달곰이가 털을 유심히 살피며 말했다.

"새 깃털 같아. 그런데 이게 왜 여기 있지?"

"왜 여기 있긴. 새가 날다가 깃털이 떨어졌나 보지. 산 밑인데 새가 많은 건 당연하잖아."

어 형사의 말에 달곰이가 말했다.

"새의 깃털은 저마다 다 달라요. 모양도, 길이도, 색깔도. 공작을 보면 알 수 있죠."

그러자 요리가 말했다.

"공작의 깃털은 특이한 경우 아니야? 내가 보기엔 깃털의 생김새와 색이 비슷비슷한 새들도 많던데, 뭐."

그러자 이번에는 어 형사가 물었다.

"좋아. 그럼 이건 무슨 새의 깃털인데?"

"이건……. 어디서 많이 본 것 같긴 한데……. 기억이 날 듯하면서도 안 나요. 가져가서 조사해 봐야겠어요."

달곰이는 증거물 수집 봉지에 깃털을 조심스레 넣었다. 그리고 돌아오는 차 안에서도 계속 그 깃털만 쳐다보며 중얼거렸다.

"어디서 봤는데……."

학교에 도착해 차에서 내릴 때였다. 갑자기 달곰이가 소리쳤다.

"맞다, 바로 그거다! 어 형사님, 차 트렁크 좀 열어 주세요."

트렁크? 그건 왜 또 갑자기? 어 형사가 차 트렁크를 열자, 달곰이는 먼지떨이를 쑥 꺼내더니 요리의 눈앞에 갖다 대며 말했다.

"이거야. 바로 이거. 잘 봐. 똑같잖아."

정말 보니 갈색의 깃털. 색깔도, 굵기도, 길이도 비슷했다.

"내 친구가 좋은 거라고 준 건데. 타조 깃털로 만든 거라고."

어 형사의 말에 요리가 놀라며 다시 물었다.

"타조 깃털이요?"

그러자 달곰이는 만족한 웃음을 띠며 대답했다.

"맞아. 타조 깃털이 분명해. 타조 깃털은 정전기가 일어나지 않거든. 그러니까 먼지가 달라붙지 않아서 자동차용 먼지떨이나 반도체 장비의 정전기 방지 등에 이용되고 있지. 요즘에는 침대 매트리스나 침낭, 파카의 최고급 보온재로 사용되기도 하고."

"이게 왜 거기 떨어져 있었을까?"

요리의 물음에 달곰이도 고개를 갸우뚱했다.

"글쎄?"

반도체란?

도체(금속처럼 전기를 잘 통하는 물질)보다는 전기가 잘 통하지 않고, 부도체(유리처럼 전기를 잘 통하지 않는 물질)보다는 전기를 잘 통하는 물질이야. 일반적으로 실리콘이 반도체 물질로 많이 쓰여. 반도체는 순수한 상태에서는 부도체와 비슷한데, 불순물을 넣으면 전기를 훨씬 잘 통하게 돼. 이런 성질을 이용해 텔레비전이나 라디오, 계산기, 컴퓨터 등에 널리 쓰이지.

용의자를 찾아라!

"그나저나 큰일이다. 속도 위반 차량 중에도 흰색 말로타는 없었어."

요리와 달곰이가 들어오자 혜성이가 걱정이라는 듯 말했다. 그렇다면 현재까지 찾아낸 증거물은 딱 하나. 바로 이 타조 깃털인데, 과연 사건의 단서가 될 수 있을까? 아이들은 타조 깃털을 가운데 두고 고민에 빠졌다. 왜 타조 깃털이 거기에 떨어져 있었는지 알아내야만 한다.

"먼지떨이에 쓴다며? 먼저 살던 사람들이 쓰던 먼지떨이에서 빠진 게 아닐까?"

영재의 말에 요리도 자신의 생각을 말했다.

"혹시 모르지. 범인이 시신을 옮기는 과정에서 따라왔을지도."

요리의 말에 혜성이도 동의했다.

"그래. 지난번 강나리 사건에서처럼 말이야."

지난 겨울 방학, 강나리 강가에 떠내려온 시신 한 구. 달곰이는 시신이 담긴 포대 안에 있던 왕오색나비 애벌레를 발견해 사건을 해결했다.

"좋아. 이 깃털을 범인이 시신을 옮기는 과정에서 딸려 온 것으로 가정하면, 간단하네. 시신이 타조 깃털이 있는 곳에 있었단 말이잖아."

혜성이의 말이 끝나자 달곰이의 머릿속에 번뜩 스치는 것이 있었다.

"맞아, 바로 그거야! 타조 농장."

"타조 농장?"

"응. 요즘 타조 농장이 많이 있잖아. 깃털도 팔고 알도 팔고……. 범인은 타조 농장에서 일하는 사람이 아닐까?"

"목격자의 말로는 양복을 입고 있었다고 했잖아. 그래서 난 당연히 회사 다니는 사람이 아닐까 생각했는데."

영재의 말에 요리가 웃으며 핀잔을 주었다.

"양복은 뭐 회사원만 입니?"

그건 그렇다. 영재는 범인이 양복을 입고 있었다는 말에 저도 모르게 회사원일 거라는 선입견을 가졌던 것이다.

"좋아, 그럼 일단 그 근처에 타조 농장이 있는지 알아보자!"

혜성이의 말에 모두 컴퓨터로 몰려들어 경기도 사망군에 있는 타조 농장을 찾으니, 있다! '영파 타조 농장'. 게다가 위치를 보니, 사망군 영파리로 우물리에서 3킬로미터 거리! 그렇다면 타조 농장 사람 중에 흰색 말로타를 가진 사람이 있지 않을까? 곧바로 요리가 가져온 흰색 말로타 소유주의 목록을 살펴보니, 그 안에 없다.

"왜 없지? 여기서 흰색 말로타만 가지고 있었으면 딱인데!"

"혹시 다른 사람의 차를 빌린 게 아닐까? 렌터카 같은 거."

결국 다음 날 아침이 밝자마자, 아이들은 사망군 영파리로 내려갔다. 그리고 요리와 달곰이는 영파 타조 농장에 가기로 하고, 혜성이와 영재는 주변 렌터카 업체를 뒤져 1년 전 사건이 일어난 날에 흰색 말로타를 빌린 사람이 있는지 알아보기로 했다.

요리와 달곰이는 일단 체험 학습을 하러 온 것으로 위장해 타조 농장을 둘러보기로 했다. 좀 이른 시간이라 그런지 다른 사람은 없었다. 사무실로 들어가자 주인인 듯한 남자와 그보다 젊은 남자가 있었다. 체험 학습을 하러 왔다고 하자, 젊은 남자가 아이들을 안내해 주었다.

젊은 남자의 이름은 이순명. 그를 따라 농장 곳곳을 구경하면서 요리와 달곰이는 친화력을 발휘해 농장과 주인, 이순명에 대해 슬쩍슬쩍 물어보았다. 이순명이 이곳에서 일하기 시작한 것은 6개월 전. 군대를 제대하고 바로 일하기 시작했다니, 이순명은 범인이 아닐 가능성이 크다.

그렇다면 농장 주인은 어떤가? 이름은 변장술. 나이는 35세. 여기서 타조 농장을 시작한 지는 3년. 어릴 때 부모를 여의고 자수성가한 사람으로 5년 전 이혼한 이혼남이라고 한다. 요리가 슬쩍 물었다.

"인상이 아주 좋으시던데……."

"뭐, 좋은 사람이라고 할 수 있지. 나한테도 잘해 주시고. 가끔 이유 없이 화낼 땐 엄청 무섭지만 말이야."

그런데 화낼 때 무섭지 않은 사람이 어디 있겠는가. 솔직히 변장술 역시 별로 나쁜 사람 같아 보이지 않았다. 오히려 요리 말대로 잘생기고 인상 좋은 스타일? 게다가 농장에 세워져 있는 차를 보니, 1톤 트럭뿐이었다. 잘못 짚은 것은 아닌지, 둘은 살짝 걱정되기 시작했다.

그때였다. 렌터카를 알아보러 간 혜성이가 요리에게 전화를 했다.

"혹시 거기 주인 이름, 변장술이야?"

"맞아."

"주소를 보니까 거기더라. 변장술이 사건 당일, 씽씽 렌터카에서 흰색 말로타를 빌렸어."

흰색 말로타를 빌렸다고? 그렇다면 변장술이 범인일 가능성이 있다. 하지만 요리는 마음에 걸렸다. 겉으로 보기에 너무도 온순하고 착해 보이는 인상이 사람을 죽여 암매장까지 할 사람으로는 보이지 않았다.

요리는 전화를 끊고, 달곰이에게 신호를 보냈다. 달곰이는 갑자기 배가 아프다고 엄살을 피우고는 화장실로 달려갔다. 물론 증거물을 찾으러 가기 위한 쇼. 그리고 요리는 얼른 이순명에게 다리가 아프니 사무실로 가서 기다리자고 했다. 변장술과 이순명의 주의를 끌어 그사이 달곰이가 충분히 찾아볼 시간을 주기 위해서였다.

요리 특유의 친밀함은 변장술과 이순명을 잡아 두기에 충분했다. 그런데 변장술과 이야기를 나눠 보니, 요리는 점점 더 헷갈렸다. 말도 행동도 참으로 유순한 남자. 전혀 그런 끔찍한 범행을 저지를 것 같아 보이지 않았다.

그렇게 10분쯤 지났을까? 달곰이가 들어왔다.

"아유, 오래도 걸린다."

요리가 찾았냐는 눈짓을 보내자 달곰이가 그렇다는 눈짓을 보냈다.

"헤헤, 미안. 가자."

인사를 하고 농장에서 나오자, 달곰이가 황급히 말했다.

"뒤쪽 산으로 올라가는 곳에 다 허물어져 가는 창고가 하나 있었어. 오랫동안 안 쓴 것 같은데, 들어가 보니까 바닥 여기저기에 타조 깃털이 떨어져 있더라고. 그리고 깃털 사이에서 이게 나왔어."

휴대 전화 고리. 하트 모양으로 뚜껑이 있었다. 뚜껑을 여니, 사진이 있다. 바로 한만은의 딸 사진.

됐다! 바로 이거다. 이거면 충분하다. 요리는 혜성이에게 증거를 찾았다고 전화를 했다. 혜성이는 즉시 경찰과 함께 농장으로 왔다.

"변장술 씨. 당신을 1년 전 서울 강산동에서 한만은을 납치, 살해하고 암매장한 용의자로 체포합니다."

혜성이가 제법 경찰티를 내며 변장술에게 수갑을 채웠다. 변장술은 전혀 예상치 못했는지 상당히 당황하는 표정. 변장술은 곧바로 경찰서로 잡혀 오고, 아이들은 살해 도구 등 또 다른 증거물이 남아 있는지 농장 구석구석을 뒤지기 시작했다. 그리고 결국 휴대 전화 고리를 찾아낸 창고 뒤쪽 땅속에서 피 묻은 칼 한 자루를 찾아냈다.

 범행 동기는?

칼에 묻은 피는 피해자의 것임이 확인되고 칼자루에서 변장술의 지문까지 발견됐지만, 변장술은 계속 자신의 범행을 부인했다.

그런데 생각해 보면 정말 이해가 되지 않았다. 둘 사이에 원한 관계가 있는지 조사했으나 둘은 전혀 모르는 사이였던 것이다.

"흰색 말로타 빌렸잖아요. 왜 빌렸어요? 집에 트럭 놔두고 차를 빌린 건 한만은을 죽이려고 계획적으로 빌린 거 아니에요?"

어 형사가 다그치자 변장술은 갑자기 실실 웃으며 대답했다.

"선보러 가느라 빌렸어요. 선보는데 트럭 타고 가면 웃기잖아요."

어 형사는 변장술의 행동이 도저히 이해가 되지 않았다. 갑자기 화를 내다가도 갑자기 실실 웃고, 또 그러다가는 완전 온순한 양처럼 고분고

분해지는 것이었다.

"안 되겠어요. 장윤아 형사 좀 불러 주세요."

조사실에서 나온 어 형사는 두 손 두 발 다 들었다는 표정으로 박 교장에게 말했다.

장윤아 형사라면 프로파일러, 즉 범죄 심리 분석관. 범죄 현장의 증거물과 범인의 심리적 특성을 분석해 범행 동기를 밝혀내고, 범인의 자백을 받아 내는 역할을 한다. 최근 뚜렷한 이유가 없이 피해자를 공격하는 이른바 '묻지 마 범죄'가 자주 일어나고 있는데, 용의자에게서 범행을 자백 받는 데에는 프로파일러의 공이 컸다. 범인과 계속 이야기하면서 그의 심리를 파악하고, 그날의 상황을 다시 구성하는 것이다.

"그날 선보셨다는데 잘되셨어요? 워낙 훤칠하셔서 여자분이 좋아하셨겠네요."

장 형사가 부드러운 미소와 함께 변장술을 칭찬하자 변장술은 피식 웃더니 삐딱한 투로 대답했다.

"아니요, 내가 맘에 안 든대요."

장 형사는 변장술에게 말려들지 않고 차분하게 말을 받았다.

"그래요? 그럼 기분이 안 좋았겠네요."

"당연하죠. 선본다고 새 양복 사 입고 차까지 빌려서 올라왔는데. 진짜 열 받더라고요."

그러면서 그때의 일이 다시 생각나는 듯 변장술의 얼굴이 빨개졌다.

"그리고 돌아오는 길에 한만은 씨를 만났어요?"

"이름은 몰라요. 하지만 그 여자가 먼저 길에 내려와 있었어요. 컴컴해서 정말 안 보였다고요. 그리고 차로 슬쩍 스치기만 했는데, 막 화를 내는 거예요. 죽을 뻔했다면서."

장 형사는 변장술을 살살 구슬려 그날의 일을 말하게 했다. 그에 따르면, 변장술은 차를 빌려 서울까지 선을 보러 왔는데, 제대로 안 되자 화가 많이 나 있었다. 그런데 꾹 참고 집으로 돌아가는 중, 차를 잡기 위해서 찻길에 내려와 있던 한만은을 못 보고 접촉 사고를 냈다.

"얼른 차에서 내려 미안하다고 했죠. 그런데 막 화를 내는 거예요. 다쳤으니 치료비 내놓으라면서. 차에 태워 병원에 데려다 주려고 하는

데도 자꾸 화를 내잖아요. 가뜩이나 기분도 안 좋은데……."

그래서 결국 홧김에 타조 농장으로 납치하여 살해한 후, 평소 인적이 드물다는 것을 알던 우물리 폐가 뒤쪽에 시신을 묻고 말았던 것이다.

아니, 아무리 화가 나도 그렇지 어떻게 화난다고 사람을 죽일 수 있는가! 더 기가 막힌 것은 그렇게 끔찍한 범죄를 저지르고도 별로 죄의식을 느끼지 않는다는 것이었다. 겉은 멀쩡하면서도 아무런 죄의식 없이 끔찍한 범죄를 저지르는 반사회적 성격 장애자를 일컫는 '사이코패스'. 심리 검사 결과, 변장술은 사이코패스로 드러났다.

"이런 사람들은 죄를 짓고도 아무런 죄의식을 느끼지 못하기 때문에 연속적으로 범행을 저지를 가능성이 아주 높아. 그래서 첫 번째 범죄를 저질렀을 때 꼭 잡아야 해. 최근 자주 발생하는 연쇄 살인범의 경우도 사이코패스로 밝혀진 사람들이 많은데, 처음 범행을 저질렀을 때 잡지 못했기 때문에 결국 연속 범행으로 이어지게 된 거라 할 수 있지."

장 형사의 말을 듣고 나니, 아이들은 '묻지 마 범죄'의 심각성을 다시금 깨달을 수 있었다. 하기야 이번에도 범행 후 1년이나 지난 후에, 그것도 우연히 시신이 발견되면서 밝혀지게 되었으니, 잘못했으면 영원히 해결하지 못한 사건으로 남을 뻔하지 않았는가!

'범인은 언제나 현장에 증거를 남긴다.'는 수사의 기본 원칙을 잊지 않고 사건 해결에 최선을 다한 우리의 CSI! 그 노고에 큰 박수를 보낸다.

달곰이가 들려주는
사건 해결의 열쇠

실종된 한만은이 암매장된 시신으로 발견된 사건. 1년이나 지난 사건을 해결할 수 있었던 것은 새와 깃털에 대해 잘 알았기 때문이지.

💡 새란?

새, 즉 조류란 등뼈가 있는 척추동물로, 날개가 있고 몸은 깃털로 덮여 있으며, 부리가 있고 알을 낳아 기르는 동물을 말해. 새는 사람처럼 체온이 항상 일정한 '정온 동물'인데, 사람보다는 체온이 높아서 42~43℃야.

새는 대부분 뼛속이 비어 있고, 날개를 움직이는 데 필요한 가슴 근육이 몸무게의 절반을 차지할 정도로 발달되어 있어. 또, 방광이 없어서 노폐물을 곧바로 밖으로 내보내 몸을 가볍게 할 수 있지.

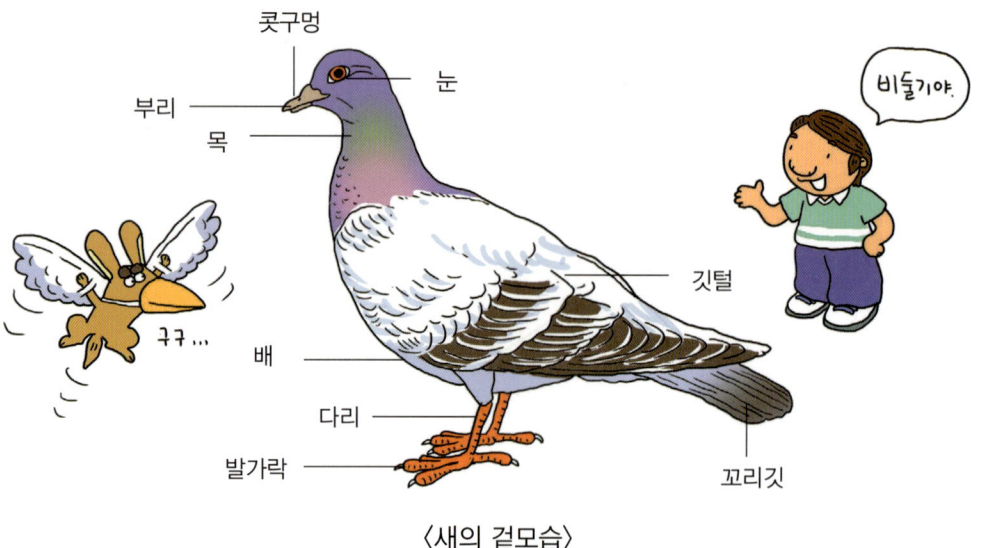

〈새의 겉모습〉

💡 새의 날개와 깃털

하지만 새에게 날개가 없다면 아무리 몸이 가벼워도 절대 날 수 없겠지?

날개는 앞다리가 변형된 것으로, 깃털로 덮여 있어. 새는 근육을 이용해 날개를 치거나 공기의 흐름을 타고 올라가 날개를 쭉 폄으로써 빨리 날거나 멀리 날 수 있지. 참새처럼 날개를 빨리 치면서 나는 새는 날개가 짧고, 앨버트로스처럼 날개를 쭉 펴고 움직이지 않고 나는 새는 날개가 길어.

새의 깃털은 저마다 독특한 색깔과 모양을 자랑해. 새의 몸 겉을 덮은 깃털은 '몸깃털'이라고 하는데, 새가 날 수 있도록 해 주지. 몸깃털의 구조와 크기는 새의 생활 형태에 따라 달라져. 올빼미의 몸깃털은 부드럽고 뭉실뭉실하기 때문에 소리를 내지 않고 공중을 날 수 있어. 하지만 빨리 날지는 못하지. 반면에 매의 몸깃털은 짧고 몸에 찰싹 달라붙어 있어서 공기 저항을 적게 받아 빠른 속도로 날 수 있지.

새는 몸깃털 밑에 보풀보풀하고 부드러운 '솜깃털'이 있어. 솜깃털은 새의 피부를 보호하고 체온을 빼앗기지 않도록 유지해 줘.

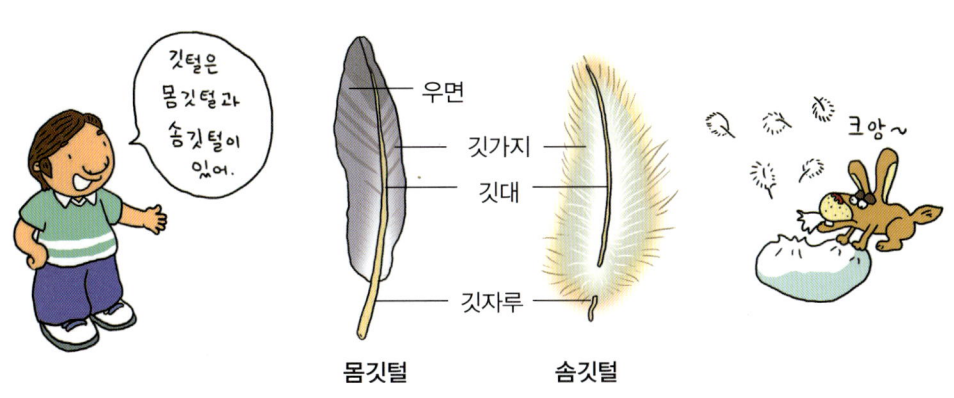

〈몸깃털과 솜깃털〉

새의 깃털은 1년에 한두 번씩 바뀌는데, 보통 봄에서 여름에 걸쳐 새끼를 다 기르고 나서 바뀌는 경우가 많아.

💡 타조의 생김새

현재 살아 있는 새 가운데 가장 큰 새는 타조야. 서 있을 때의 키가 거의 2.5m이고, 몸무게는 155kg이나 돼. 타조는 알도 새 중에서 가장 커. 길이 15~17cm에 지름이 12~15cm나 되지. 달걀 12~18개 정도의 크기야. 알의 무게는 1.5kg 정도지.

타조는 날지 못하는 대신 매우 빨리 달릴 수 있어. 시속 65km를 낼 수 있고, 그 속도로 1km나 달릴 수 있지. 또, 타조의 시력은 놀라울 정도인데, 4km 밖에 있는 맹수의 움직임도 파악할 수 있을 정도라고 하니, 대단하지.

〈타조의 생김새〉

주로 나뭇잎과 싹, 열매, 씨앗 등을 먹는데, 소화가 잘되게 하기 위해서 가끔 돌멩이나 쇠 부스러기 같은 것을 삼켜 먹이를 잘게 부수어 주기도 해.

타조의 머리와 목은 거의 벌거숭이고, 다리는 길며, 발가락은 2개씩 있지. 가장 긴 발가락은 길이가 18cm이고 두꺼운 발톱이 있어서 위험에 처하면 적을 뻥 차서 위기에서 벗어나.

수컷의 깃털은 짙은 갈색이나 검은색이고 꼬리와 날개 깃털은 흰색이야. 암컷은 덩치가 수컷보다 작고 몸, 꼬리, 날개, 깃털은 흐린 갈색이지.

타조는 알과 아름다운 깃털을 얻기 위해 길러. 타조 깃털은 장식용으로 쓰이기도 하고, 정전기가 발생하지 않기 때문에 먼지떨이나 자동차 세차기 등 다양한 곳에 쓰이기도 해. 타조 1마리에서 1.5kg의 깃털이 나오는데, 소형 먼지떨이를 50개 정도 만들 수 있대.

그러니까 생각해 봐. 1년이나 지난 사건을 다시 수사하려니 증거를 찾아내기가 쉽지 않았지. 하지만 '범인은 증거를 남긴다.'는 믿음으로 샅샅이 뒤진 결과 몇 가닥의 새 깃털을 찾아냈고, 자동차 먼지떨이와 같은 것임을 기억해 냈지. 그리고 결국 그것이 타조 깃털로 밝혀지면서 타조 농장 주인이 범인임을 밝혀낼 수 있었던 거야. 어때, 이젠 알겠지?

■ 핵심 과학 원리 – 기체의 용해

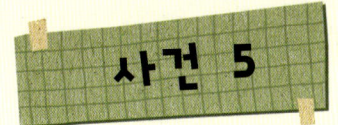

사건 5

물고기가 떠오른 이유

"아유, 회장님! 오셨네요. 식물원 왔다 가시나 봐요?"
"네. 그런데 무슨 일이에요?"
"말도 마세요. 큰일 났어요. 하산천 물고기들이 다 죽었어요."

남우 식물원

"따르르릉~. 따르르릉~."

토요일 아침, 달곰이 방의 전화벨이 요란하게 울렸다.

"달곰이 형, 남우예요."

아침 일찍부터 무슨 일인지, 남우는 한껏 들뜬 목소리였다.

"형, 오늘 안 바쁘면 우리 할아버지랑 같이 식물원에 가요."

"식물원?"

"네, 남우 식물원이요."

남우 식물원? 아! 지난번 남우네 놀러 갔을 때 집에 있는 식물원 말고 충청북도에 또 하나의 식물원이 있다고 하더니, 그곳을 말하는 것이다.

"정말? 좋아, 가자!"

식물이라면 자다가도 벌떡 일어나는 달곰인데 어련하겠는가! 잠시 후 남우가 할아버지와 함께 달곰이를 데리러 오고, 그렇게 셋은 충청북도 하산군 하산리에 있다는 '남우 식물원'으로 갔다.

남우 할아버지 소재훈 회장이 30년 전에 식물원을 만들기 위해 산 하나를 통째로 산 후, 주말이면 빠지지 않고 내려가 직접 땅 갈고, 나무 심고, 꽃 심고 해서 만든 식물원이라니, 달곰이는 잔뜩 기대가 되었다.

서울에서 1시간 30분 정도를 달리니 하산리에 도착했다. '남우 식물원'이라는 작은 표지판을 지나자, 울창한 플라타너스 길이 펼쳐졌다. 하늘을 찌를 듯 높이 자란 나무들이 서로서로 어우러져 만들어 내는 멋진 길. 그 길을 따라 걸으니, 여름이라는 계절이 무색하리만큼 상큼하고 시원한 느낌이 온몸으로 전해졌다.

그리고 긴 플라타너스 길을 걸어 끝에 이르니, 작지만 참 예쁜 호수가 있었다. 여기저기 심어 놓은 야생화 정원의 알록달록한 빛과 잔잔한 호수의 물빛이 어우러져, 이제껏 어디에서도 보지 못했을 정도로 정말 예뻤다. 뿐만 아니라 뒤쪽 산에는 밤나무 숲, 참나무 숲, 느티나무 숲이 자리하고 한쪽으로는 커다란 비닐하우스에 300여 개 이상의 분재들을 모아 놓았다. 정말 개인 소유의 식물원이라고는 믿어지지 않을 정도였다.

"정말 멋져요. 다른 사람들도 구경할 수 있었으면 좋겠어요."

달곰이의 말에 남우가 얼른 받아서 대답했다.

"할 거예요, 내년에. 그렇죠, 할아버지?"

"허허허. 그래, 그래. 들어오는 길을 좀 더 넓게 만들고 산 아래 계곡을 좀 다듬어서 내년에 개장할 예정이다. 무료로. 식물 좋아하는 사람들 다 와서 보라고, 허허허."

30년이나 애써 가꾼 식물원을 무료로 개장한다니, 할아버지 멋쟁이!

"그럼 저도 와서 봐도 돼요?"

"당연하지. 달곰이는 그전에라도 언제든지 와서 봐도 돼."

"감사합니다. 하하하."

그렇게 시간 가는 줄 모르고 여기저기 한참을 둘러보고 나니, 벌써 점심때. 관리인이 원두막으로 보리 비빔밥을 내왔다. 그것도 어찌나 맛있던지 딱 꿀맛이었다.

 물고기가 떠오르다!

그러다 보니, 어느덧 오후 3시. 이제 천천히 돌아갈 때가 된 것 같아 셋은 길을 나섰다.

"갈 때에는 하산천으로 가 볼까?"

산에서 내려온 물이 모여 동네를 돌아 나간다는 하산천. 계곡을 따라 내려가는 길이 꽤 운치 있어 보였다. 그런데 거의 마을까지 내려왔을 때였다. 하산천 주변에 사람들 몇몇이 모여 웅성거리고 있었다. 무슨 일인가 싶었는데, 남우 할아버지가 아는 사람을 만났는지 차를 세우고 내려 인사를 건넸다. 달곰이와 남우도 따라 내렸다.

"아유, 이장님! 안녕하십니까?"

이장님? 아, 하산리 이장이구나! 이장은 돌아보더니, 이내 반갑게 인사를 했다.

"아유, 회장님! 오셨네요. 식물원 왔다 가시나 봐요?"

"네. 그런데 무슨 일이에요?"

"말도 마세요. 큰일 났어요. 하산천 물고기들이 다 죽었어요."

그러면서 이장은 근심 어린 표정으로 커다란 양동이를 가리켰다. 이런, 죽은 물고기들이 가득 담겨 있는 것이 아닌가! 달곰이도, 남우도, 남우 할아버지도 깜짝 놀랐다. 남우 할아버지가 물었다.

"왜 이렇게 됐어요?"

"모르니까 문제죠. 3일 전부터 매일 이래요. 저기 보세요. 아직 다 건져 내지도 못했어요."

정말 물 위에 허연 배를 드러내며 둥둥 떠 있는 물고기들.

순간, 달곰이는 '기포강 쇠백로 사건'이 떠올랐다. 100년 이상 기포강에서 살던 쇠백로가 갑자기 서식지를 옮긴 이유를 조사하던 중 기포강에 죽은 물고기가 둥둥 떠 있는 것을 발견했다. 그래서 수사한 결과, 기포강의 물이 골프장의 폐수로 오염되었다는 것을 알아냈는데…….

그때와 마찬가지로 물고기가 떼죽음을 당해 물 위에 떠 있으니, 분명히 물이 오염되었기 때문일 것이다. 달곰이가 얼른 나서며 말했다.

"물이 오염돼서 그런 거예요. 수질 검사부터 해 봐야겠어요."

갑작스럽게 끼어든 달곰이의 말에 이장은 누구냐는 표정을 지었다. 남우 할아버지가 얼른 인사시켜 주었다.

"혹시 어린이 과학 형사대 CSI 아십니까? 거기 형사입니다. 그리고 이쪽은 제 손자예요. 애들아, 인사 드려라."

인사를 하고 나니, 옆에 있던 한 아저씨가 반갑다며 악수를 청했다.

"CSI? 그 어려운 사건들을 막 해결하고 다닌다는 어린이 형사? 와, 반갑다. 악수나 하자."

"아, 네."

달곰이가 쑥스러운 표정으로 악수를 하자, 남우 할아버지가 웃으며 대신 대답했다.

"허허, 맞아요. 바로 그 유명한 형사입니다."

달곰이가 다시 이장에게 물었다.

"군청 환경과에 신고는 하셨어요?"

"했지. 그저께 전화로 얘기했더니 나와 본다고 하더라고. 그런데 아직 소식도 없잖아. 직접 가 보든지 해야지, 원."

이런! 신고까지 했는데 3일이 지나도록 아직 나와 보지도 않았단 말인가! 물고기는 지금도 계속 떼죽음을 당하고 있는데.

환경 오염 사건은 신속한 조사와 대처가 가장 중요하다. 작은 오염원만으로도 큰 영향을 미칠 수 있고, 오염이 빠르게 퍼지면 피해가 순식간에 커질 수 있기 때문이다.

달곰이는 하산천으로 내려가서 물 상태를 자세히 살펴보았다. 그런데 생각보다 물이 깨끗해 보였다. 더운 날씨에 여기저기 떠오른 물고기 때문에 비린내와 썩는 냄새가 나기는 했지만, 물 자체는 별로 더러워 보이지 않았다. 보통 물에 오염 물질이 흘러들면 악취가 나고 물 색깔이 변하기 마련인데, 의외로 깨끗한 물을 보니 달곰이는 더 궁금해졌다.

'겉으로는 멀쩡해 보이는데……. 도대체 무슨 오염 물질이 흘러들었기에 순식간에 물고기들이 떼죽음을 당했을까?'

그런데 갑자기 이장이 좋은 생각이 난 듯 말했다.

"가만, 형사라고 했지? 그럼 네가 조사 좀 해 줄래? 부탁해."

갑작스런 이장의 말에 당황한 달곰이. 그래서 머뭇거리고 있는데, 남우가 냉큼 큰소리를 쳤다.

"걱정 마세요. 금방 다 해결해 드릴 거예요. 그렇죠, 형?"

달곰이는 결국 얼떨결에 사건을 맡게 되었다.

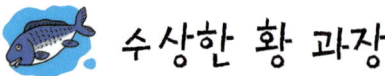 수상한 황 과장

달곰이, 남우, 남우 할아버지는 이장을 따라 함께 군청으로 향했다.

이장은 들어가자마자 환경과장 황달수에게 불만을 터뜨렸다.

"왜 나온다면서 안 나와요? 오늘도 수십 마리가 죽어 떠올랐는데."

"아유, 다음 주에 마을 축제 있잖아요. 그것 때문에 요즘 눈 코 뜰 새 없이 바빠서. 그렇지 않아도 내일쯤 나가 보려고 했습니다."

달곰이는 속에서 불이 확 오르는 것을 느꼈다. 수질 오염 검사하는 게 뭐 그리 복잡하고 어려운 일이라고 바쁘다는 핑계로 미룬단 말인가!

"시간이 없어요. 물이 오염된 게 분명한데, 빨리 조치를 취하지 않으면 하천에 있는 물고기들이 다 죽을 수도 있어요."

달곰이가 끼어들자, 황 과장은 불쾌한 표정으로 이장에게 물었다.

"애는 누구예요?"

달곰이는 얼른 신분증을 내밀며 공손하게 자신을 소개했다.

"어린이 과학 형사대 CSI, 반달곰 형사입니다."

그러자 황 과장은 더 못마땅한 표정을 지으며 말했다.

"경찰? 흠흠. 아니, 그렇다고 경찰까지 데리고 오시면 어떡합니까? 어련히 나갈까 봐요."

물고기가 떠오른 이유

그러자 이제껏 잠자코 듣고만 있던 남우 할아버지가 나섰다.

"그건 아니고, 지나가다 보고 같이 들른 겁니다. 인사가 늦었습니다. 소재훈입니다."

남우 할아버지가 악수를 청하자 황 과장은 마지못해 손을 내밀었다. 그러더니, 뭔가 깨달은 듯 놀란 눈으로 다시 물었다.

"아, 네……. 네? 소재훈? 아이고, 회장님께서 여긴 웬일로?"

역시 남우 할아버지는 여기서도 유명한가 보다. 알고 보니, 남우 할아버지는 지난 30년 동안 하산군에 매년 불우 이웃 돕기 성금을 보냈다고 한다. 게다가 하산군의 깨끗한 환경을 위해서도 많은 성금을 내놓고 있었다니, 황 과장이 당황하는 것은 당연한 일.

"오다 보니까 물고기들이 아주 많이 죽어 있더라고요. 3일이나 됐다니, 빨리 원인을 찾아야 할 듯합니다."

그런데 남우 할아버지의 말이 끝나자마자 참으로 우스운 일이 벌어졌다. 이제껏 변명만 늘어놓던 황 과장의 모습은 온데간데없고, 갑자기 큰일이 터진 듯 분주하게 움직이는 것이 아닌가!

"아유, 그럼요. 당연히 그래야죠. 수질 환경 담당이……. 아, 박상진 씨! 이리 와 봐요. 빨리!"

그러자 놀라 일어나 달려오는 박상진.

"하산천 수질 검사 좀 해요. 물고기가 죽어서 떠오르고 난리 났다네."

"네, 알았습니다."

역시 남우 할아버지의 힘은 대단했다. 하지만 달곰이는 영 기분이 좋지 않았다. 그리고 조금씩 의심이 들기 시작했다. 명색이 환경과장인데, 민원을 접수했음에도 말도 안 되는 변명으로 늑장 대응을 하다니! 혹시 황 과장과 관련 있는 것은 아닐까? 하지만 아직 아무런 증거도 없는데, 덮어놓고 의심부터 할 수는 없는 일. 증거를 찾아야 한다.

그렇게 우여곡절 끝에 환경과 수질 환경 담당 직원인 박상진이 현장에 파견되었다. 달곰이 일행도 따라가서 그가 물을 채취하는 것을 지켜보았다. 그런데 아무리 생각해도 달곰이는 마음이 놓이지 않았다. 그래서 별도로 물을 채취해 형사 학교로 가져가서 조사하기로 했다. 달곰이는 이장의 도움으로 깨끗한 병을 구해 강물을 채취했다.

그리고 죽은 물고기도 두 마리 건져서 얼음을 채운 스티로폼 상자에 넣었다. 물고기가 중금속 오염으로 죽었다면, 몸속에 중금속이 남아 있을 것이다. 곧바로 형사 학교로 돌아온 달곰이는 박 교장에게 사건에 대해 이야기하고, 가져온 증거물들을 보여 주었다.

"일단 수질 오염 검사 의뢰하고, 내일 아침에 다시 내려가서 조사해 보거라. 환경 오염 사건이니 빠른 시간 안에 해결해야겠구나."

박 교장은 아이들이 사건을 맡는 것을 허락해 주었다.

 오염원을 찾아라!

다음 날 아침. 지난밤 달곰이의 전화를 받은 아이들은 일요일임에도 일찌감치 학교로 모였다. 박 교장은 남우도 같이 다니도록 허락했다.

아이들은 어 형사와 함께 하산천으로 갔다. 역시 지난밤에도 많은 물고기들이 죽어서 물 위에 둥둥 떠올라 있었다.

"일단 주변에 오염원이 될 만한 농가나 공장이 있나 살펴보자."

어 형사의 말에 어 형사, 혜성이, 영재가 한 팀이 되고 요리, 달곰이, 남우가 한 팀이 되어 마을을 돌아보기 시작했다.

오전 내내 마을 곳곳을 돌아다니며 살피고 또 살펴본 결과, 하산천으로 직접 폐수를 흘려보낼 만한 위치에 있는 축산 농가는 모두 15곳. 그리고 공장은 2곳이 있었다. 플라스틱 그릇 공장과 제지 공장.

그런데 축산 농가는 모두 제대로 된 폐수 처리 시설을 갖춘 듯했고, 배수로를 살펴봐도 큰 문제는 없었다. 플라스틱 그릇 공장은 5년 전에 들어섰고 제지 공장은 1년 전에 들어섰다고 한다. 둘 다 그동안 환경 문제를 일으킨 적이 전혀 없다고 하니, 이 또한 크게 의심할 만한 곳은 아니었다.

요리가 먼저 의견을 말했다.

"그래도 내 생각엔 제지 공장일 것 같아. 종이를 만드는 과정에서 나오는 공업 폐수는 유기물과 부유 물질의 농도가 대단히 높거든. 폐수를 제대로 처리하지 않고 내보내면 하천에는 아주 치명적이지."

그러자 혜성이도 의견을 내놓았다.

"플라스틱 공장에서 나오는 폐수도 만만치 않거든. 플라스틱 공장일 수도 있어."

그때였다. 하산리 이장이 달곰이에게 전화를 했다.

"군청에서 전화가 왔는데, 수질 오염 검사한 결과 아무 이상이 없대. 오염 물질 함유량이 다 기준치 미만이래."

이런! 달곰이는 깜짝 놀라 되물었다.

"네? 물이 오염된 게 아니란 거예요?"

"그러게 말이야. 도대체 이게 뭔 일이래?"

달곰이는 못 믿겠다는 듯 곧바로 황 과장에게 전화를 걸어 물었다. 그러자 그는 거보라는 듯 당당하게 말했다.

"못 믿겠으면 와서 보든지."

이럴 수가! 물이 오염되지 않았는데 어떻게 물고기가 죽는단 말인가. 달곰이가 의심했던 대로 황 과장이 이번 사건과 관련 있는 것일까? 검사를 미루다 더 이상 미룰 수 없게 되자 수질 검사를 하는 척하고 데이터를 조작한 것이 아닌지. 어 형사가 물었다.

> **나무로 어떻게 종이를 만들까?**
>
> 나무로 종이를 만들려면 먼저 나무를 잘게 자른 다음, 식물 세포벽의 주성분인 섬유소를 분리해서 펄프를 만들지. 그 다음 펄프를 약품과 함께 물에 담갔다가 체로 건져서 1장의 얇은 종이 형태로 만들고, 그 펄프를 꽉 누르고 가열하여 물기를 없애면 종이가 돼.

"네가 의뢰한 건 결과가 언제 나온대?"

"2시요."

"아직 1시간이나 남았네. 좋아. 그럼 그사이 난 황 과장에 대해 좀 알아볼 테니까, 너희는 점심부터 먹어라."

그러고 보니, 급한 마음에 점심 먹는 것도 잊고 돌아다닌 것이다. 하지만 달곰이는 밥이 넘어갈 것 같지 않았다. 그래서 어 형사를 따라나섰다.

 황 과장과 제지 공장

어 형사와 달곰이는 일단 이장을 찾아가 황 과장에 대해 슬쩍 물었다.

"나야 잘 모르지. 우리야 농사짓는 사람이고, 그 사람은 군청 공무원이니까. 군청 갔을 때 몇 번 본 정도야. 어디 사는지도 모르고."

그렇다면 누구에게 물어봐야 알까?

"가만, 민철이는 잘 안다고 하긴 하더라. 지난번에 너 유명한 형사라고 알아본 아저씨 있지? 이민철이라고. 그 사람이 황 과장이랑 고등학교 동창이라지, 아마?"

어 형사와 달곰이는 그길로 이민철을 찾아갔다.

"동창 맞아요. 그런데 저랑은 별로 안 친해요. 고등학교 졸업하고 서울로 대학 갔으니까. 아! 여기 제지 공장 사장이 달수랑 대학 동창이라던데. 그래서 공장 들어올 때 달수가 힘 좀 썼다는 소문이 돌긴 했어요. 주민들이 많이 반대했거든요."

"반대요?"

달곰이가 묻자, 이민철이 다시 대답했다.

"그래. 농사짓는 사람들만 사는 동네에 갑자기 공장이 들어선다니, 다 반대했지. 그런데 우리가 힘 있나? 결국 들어오더라고."

그렇다면 황 과장이 제지 공장과 관련 있음은 분명하다. 환경과라면 군에 있는 공장들의 설립 허가를 내는 데 상당히 큰 영향력을 미칠 수 있는 자리. 게다가 공장의 폐수 처리 시설을 감독하는 일까지 하니, 주민들의 반대에도 공장 설립 허가가 났다면 분명히 뭔가가 있었을 것이다. 대가성 금품이 오갔을 수도 있고, 어쩌면 폐수 처리 시설이 제대로 설치되지 않았음에도 허가를 내 주었을 수도 있다.

이제 해야 할 일은 공장 설치 과정과 폐수 처리 시설 허가 과정에 대해 샅샅이 알아보는 것이다. 그리고 만약 조금이라도 문제가 드러난다면, 황 과장의 통장 계좌도 추적해야 할 것이다.

어 형사와 달곰이는 다른 아이들이 점심을 먹고 기다리는 식당으로 향했다. 식당에 도착하니 어느새 2시. 달곰이가 막 전화를 걸려는데, 박 교장이 먼저 전화를 걸어 왔다. 수질 검사 결과가 나온 것이다.

"좀 황당하네. 모두 다 기준치 미만이래. 물고기 몸속의 중금속을 검사한 결과도 마찬가지고."

이런, 그렇다면 황 과장의 말이 맞다는 말이네! 달곰이는 기운이 쭉 빠졌다. 오전 내내 돌아다니며 오염원이 될 만한 곳을 찾았는데, 게다가 황 과장과 제지 공장의 의심 갈 만한 단서도 잡았는데, 그럼 여태 헛고생한 것이란 말인가.

"그럼 물고기는 왜 죽는 거야?"

남우가 황당하다는 듯 중얼거렸다. 그렇다. 정말 이상하다. 물이 오염

되지도 않았는데, 왜 물고기가 죽는 것일까? 그것도 한두 마리도 아니고 벌써 4일째 떼죽음을 당하고 있으니 말이다.

 증거를 잡다

바로 그때였다. 갑자기 요리가 다급하게 말했다.

"다시 하산천으로 가 봐요."

"다시 왜?"

"아까부터 생각해 봤는데, 한 가지 해 보고 싶은 게 있어."

그러더니 요리는 근처 문방구에 들러 온도계를 하나 샀다.

"그건 왜?"

혜성이가 황당하다는 듯 물었다.

"물의 온도를 재 보려고."

"물의 온도를 재? 왜?"

이번에는 영재도 물었다.

"일단 재 보고 말할게."

그래서 아이들과 어 형사는 급히 하산천으로 되돌아갔다. 요리는 가는 도중 두 곳에 차를 세우더니 물가로 내려가 물의 온도를 쟀다. 그리고는 마지막으로 물고기가 죽어 떠오른 곳의 온도를 재더니 소리쳤다.

"32℃! 그래, 바로 이거야! 열오염 때문이야."

"열오염?"

다른 아이들이 되물었다.

"응. 물의 온도가 갑자기 높아졌기 때문에 물고기가 죽은 거야."

물의 온도가 높아져서 물고기가 죽다니, 이건 또 무슨 소리?

"오면서 물의 온도를 재 보니까 다른 곳에서 쟀을 때 물의 온도는 28℃에서 29℃인데, 이곳만 32℃야. 3℃나 높아. 달곰아, 물고기가 어떻게 숨 쉬는지 알지?"

"그럼. 물고기는 아가미로 물에 녹아 있는 산소를 흡수해 숨을 쉬지."

"그래. 보통 산소는 공기 중에만 있다고 생각하는데, 물속에도 녹아 있어. 그래서 물에 사는 생물도 숨을 쉴 수 있지. 그런데 기체가 물에 녹는 양은 물의 온도에 따라 달라져."

"기체가 녹는 양이 물의 온도에 따라 달라진다고? 어떻게?"

답답하다는 듯 혜성이가 물었다.

"지난번 일본의 화재 사건에서 범인은 붕산을 많이 녹이려고 끓는 물에 붕산을 녹였지?"

"그래. 고체나 액체는 용매의 온도가 높을수록 많이 녹아서라면서."

혜성이가 대답하자 요리가 다시 설명했다.

"하지만 기체는 반대야. 물의 온도가 높을수록 더 적게 녹지. 그러니까 기체인 산소도 물의 온도가 높을수록 더 적게 녹는단 말이야."

영재가 조금 이해가 간다는 듯 말했다.

"그런데 수온이 높다. 그럼 물속에 녹아 있던 산소가 줄어들었겠네."
혜성이가 정리를 하고 나섰다.
"그러니까 물의 온도가 높아져서 물속의 산소가 줄어들었고, 그래서 물고기가 산소 부족으로 죽었다?"
"바로 그거야."

> **물고기는 아가미로 어떻게 숨을 쉴까?**
>
> 물고기는 아가미로 숨을 쉬어. 물고기는 숨을 쉴 때 입을 벌려 물을 들이마신 후, 물을 아가미로 밀어내. 그러면 물은 아가미를 지나 밖으로 나가는데, 이때 아가미에 있는 모세 혈관을 통해 산소와 이산화탄소의 교환이 일어나지. 아가미는 매우 얇은 막으로 되어 있어서 물속의 산소만 들어갈 수 있어. 아가미는 빗살 모양을 하고 있어서 표면적을 넓게 하여 한 번에 보다 많은 산소를 받아들일 수 있지.

그때였다. 달곰이는 무언가 번뜩 생각나는 듯 말했다.

"맞아, 그럴 수도 있겠다. 물의 온도가 올라가면 물고기가 필요로 하는 산소의 양도 달라지거든. 정온 동물인 사람은 겨울이나 여름이나 체온을 36.5℃로 유지하지만, 변온 동물인 물고기는 체온이 항상 살고 있는 물의 온도와 비슷하고 온도 변화에 따라 함께 변하지."

"뭐야? 그럼 더워서 죽었다는 거예요?"
이번에는 남우가 물었다.

"그건 아니고, 동물이 숨을 쉬는 것은 산소와 몸속의 영양분을 이용해 힘과 열을 만들기 위해서야. 일정한 체온을 유지하는 동물은 추운 때나 더운 때나 필요한 열의 양이 비슷해서 필요로 하는 산소의 양도 주위의 온도에 따라 크게 달라지지 않아. 하지만 물고기처럼 주위 온도에 따라 체온이 변하는 동물은 다르지. 물의 온도가 높아지면 그만큼 체온이 높아지고 그에 따라 열을 만들 산소가 많이 필요하게 돼."
요리와 달곰이의 추리를 모아 드디어 어 형사가 정리를 했다.
"그러니까 물의 온도가 높아져서 물에 녹은 산소의 양은 적어졌는데 물고기가 숨 쉬는 데 필요한 산소의 양은 많아졌으니, 결국 산소 부족으로 죽었다?"
"네."
달곰이와 요리가 동시에 대답하자, 혜성이가 다시 의문을 제기했다.
"가만, 가만! 그럼 이제 생각해 보자고. 결국 물의 온도가 높아졌기 때문에 물고기가 죽었다는 건데, 아니, 누가 며칠째 뜨거운 물을 갖다 부은 것도 아닐 것이고, 왜 갑자기 물의 온도가 높아진 거지?"
그러자 요리가 대답을 했다.
"공장에서 뜨거운 물을 내보냈기 때문일 거야."
"뜨거운 물을 내보내?"
다른 아이들이 동시에 물었다.
"응. 철강, 화학, 석유, 제지 공장 등에서는 작업 중에 나오는 열을 흡수하는 데 많은 양의 물을 써. 이렇게 뜨거워진 물은 반드시 냉각 설비를 통해 식혀서 내보내야 하지. 그런데 그걸 어기고 뜨거운 물을 그냥 내보내면, 주변의 물 온도가 갑작스럽게 올라가는 거야."
어 형사가 드디어 명령을 내렸다.
"좋아. 그럼 제지 공장부터 가 보자고."

범인은 제지 공장

 어 형사와 아이들은 곧바로 제지 공장으로 향했다. 그리고 경찰임을 밝히고 폐수 처리 시설을 돌아보겠다고 했다. 사장은 꽤나 거만해 보이는 인상으로 아이들과 어 형사를 보자마자 불쾌한 표정으로 말했다.

 "군청에서 폐수 처리 시설 다 검사했고, 문제없다고 했습니다. 그리고 아까 군청 환경과 황 과장이 수질 검사 결과 아무 문제가 없다고 하던데, 무슨 검사를 하겠다는 겁니까?"

 "황 과장님이랑 벌써 통화하셨군요."

 어 형사의 날카로운 질문에 순간 당황하는 사장. 아이들이 그 표정을 놓칠 리 없다. 사장은 변명을 늘어놓았다.

 "아니, 하천에서 물고기가 죽었다고 난리들을 치기에 무슨 문제가 있나 궁금해서 제가 전화해 봤습니다. 그랬더니 문제없다고 하더군요."

 "맞습니다. 오염 물질이 발견되지는 않았습니다. 하지만 한 가지 문제점을 찾아냈습니다. 하산천 물의 온도가 높더군요."

 "물의 온도가 높다니요? 아, 그야 날이 더워서 그런가 보죠. 그게 왜 우리 공장 잘못입니까?"

 "제지 공정 중에 나오는 뜨거운 물을 내보낼 때에는 냉각 장치를 거쳐 식혀서 내보내야 한다는 건 알고 계시죠? 냉각 장치가 잘 작동되는지 확인하고 싶습니다."

그러자 갑자기 사장은 지금까지의 거만한 태도를 바꾸며 말했다.

"아, 그게 사실은……. 자, 우선 사무실로 들어가서 말씀하시죠."

그러자 달곰이가 굳어진 표정으로 말했다.

"폐수 처리 장치에서 나오는 물의 온도부터 재 보고요. 어디죠, 냉각 장치가 있는 곳이?"

상황이 이렇게 되니 더 이상 안 되겠다고 생각한 듯 사장은 냉각 장치로 일행을 안내했다. 그래서 요리가 냉각 장치를 통과한 물의 온도를 재어 보니, 무려 51℃. 이 정도 온도라면 하천 물에 비해서는 적은 양일지라도 충분히 하천 물의 온도를 높일 수 있는 온도였다.

"기준이 몇 ℃인 줄 아십니까?"

어 형사가 물었다.

"40℃요. 휴! 잘못했습니다. 사실 처음엔 냉각 장치가 고장 났는지 전혀 몰랐습니다. 공장 시작한 지 1년밖에 안 됐고, 폐수 처리 시설도 제대로 설치했기 때문에 물고기가 죽었다는 소리를 듣고도 우리 공장이 문제일 거라고는 생각도 못했어요. 그런데 어제 황 과장이 전화를 했어요. 폐수 처리 제대로 안 하고 내보냈느냐고요. 그래서 말도 안 된다, 제대로 다 하고 있다고 했더니, 수질 검사 하고 있으니까 고장 난 데 없는지 잘 살펴보라고 하더라고요. 그런데 봤더니, 냉각 장치가 고장 나 있는 거예요. 원래는 35℃ 이하로 식혀서 내보내는데……. 그렇다고 갑자기 공장 가동을 멈출 수도 없고, 냉각 장치를 설치한 회사에 전화했더니 내일 아침에 와서 고쳐 주겠다고 해서 기다리는 중이었습니다."

결국 물고기가 떼죽음을 당한 이유는 제지 공장에서 흘려보낸 뜨거운 물 때문인 것으로 밝혀졌다. 그리고 혹시나 하는 마음에 제지 공장 설립과 폐수 처리 시설 관리 감독에 황 과장이 불법으로 개입했는지에 대해 조사해 보았으나, 다행히 큰 문제는 발견되지 았다.

'호미로 막을 것을 가래로 막는다.'는 말이 있다. 공장을 운영하는 사람이나 관리 감독하는 사람이나 잠깐의 방심과 괜찮겠지 하는 안이한 태도로 인해 환경 오염의 피해는 급속하게 커지기 마련. 결국 제지 공장 사장은 관리 소홀로 경찰에 고발되고, 황 과장 역시 근무 태만으로 징계를 받게 되었다.

"아이고, 훌륭한 형사라더니 정말 그렇구나! 대단하다, 대단해."

사건을 해결했다는 소식에 이장부터 시작해 온 동네 사람들이 몰려와 아이들을 반겨 주었다. 그리고 이장이 멋지게 한마디 했다.

"내년에 식물원 개장하면 우리 동네도 아주 유명해질 거야. 그러니까 모두 힘을 모아서 하산리를 내 몸같이 지키자고. 알았지?"

이장의 말에 동네 사람들 모두가 소리를 모아 대답했다.

"당연하죠, 하하하."

아름다운 산과 강이 한껏 어우러진 아름다운 마을, 하산리. 이 아름다운 자연이 그냥 쉽게 지켜지는 것은 절대 아니다. 모두가 힘을 모아 사랑하고 가꾸어야 가능한 일.

내년에 '남우 식물원'이 개장하면 많은 사람들이 남우 할아버지가 애써 가꾼 식물원의 나무와 꽃을 보고, 또 맑게 흐르는 건강한 하산천을 보고 얼마나 좋아할까! 달곰이는 벌써부터 그날이 몹시 기다려졌다.

요리가 들려주는
사건 해결의 열쇠

하산천에서 물고기가 떼죽음을 당한 이유를 조사해 찾아낸 사건 해결의 열쇠는 바로 '기체의 용해'에 대해 잘 아는 거야.

💡 기체도 물에 녹는다

지난번에 고체와 액체가 용매에 녹아 용액을 만든다는 것을 알았지? 그런데 산소나 이산화탄소 같은 기체도 물에 녹을까?

답은 '당연히 녹는다'야. 1700년대 후반, '근대 화학의 아버지'라 불리는 조셉 프리스틀리는 어느 날 이산화탄소 거품을 물에 녹여 보았어. 그랬더니 톡 쏘는 맛이 났지. 거기에 과일 주스를 섞어 만든 것이 탄산음료야.

그러니까 탄산음료가 톡 쏘는 알싸한 맛이 나는 이유는 기체인 이산화탄소가 녹아 있기 때문이지. 이는 탄산음료 위에 작은 불씨를 갖다 대면 금방 꺼지는 것만 봐도 알 수 있어. 이산화탄소는 불을 끄는 성질이 있거든.

또, 우리가 실험실에서 흔히 볼 수 있는 암모니아수는 암모니아 기체를 물에 녹인 것이고, 염산은 물에 염화수소 기체를 녹인 거야.

물속에서 생물이 살 수 있는 것은 물속에 산소가 녹아 있기 때문이지. 어항 속에 공기 발생기를 설치하는 이유는 물고기가 숨을 쉴 때 필요한 산소를 공급해 주기 위해서야. 그래야 물고기가 살 수 있으니까.

💡 기체 많이 녹이기

그런데 같은 온도, 같은 압력, 같은 양의 물이라도 기체마다 녹는 양이 달라. 20℃, 1기압일 때 물 100g에 녹는 기체의 양을 보면, 산소는 0.004g, 이산화탄소는 0.173g, 암모니아는 53.3g, 염화수소는 72.1g이지.

그렇다면 기체를 더 많이 녹일 수 있는 방법은 무엇일까?

설탕이나 소금과 같은 고체는 물의 온도가 높을수록 더 많이 녹는다고 했지? 하지만 기체는 반대야. 물의 온도가 낮을수록 더 많이 녹지.

비커 두 개를 준비해서 한 비커에는 얼음물, 다른 비커에는 뜨거운 물을 넣어. 그리고 같은 양의 사이다를 담은 두 시험관을 각각 비커에 넣어 봐. 어느 물에 넣은 사이다에서 거품이 더 많이 생길까? 얼음물보다 뜨거운 물에 담근 시험관에서 거품이 더 많이 생기지? 거품이 생긴다는 것은 이산화탄소가 더 이상 물속에 녹아 있지 못하고 기체로 빠져나온다는 뜻.

그러니까 물의 온도가 높을수록 녹을 수 있는 이산화탄소의 양이 적어진다는 거지.

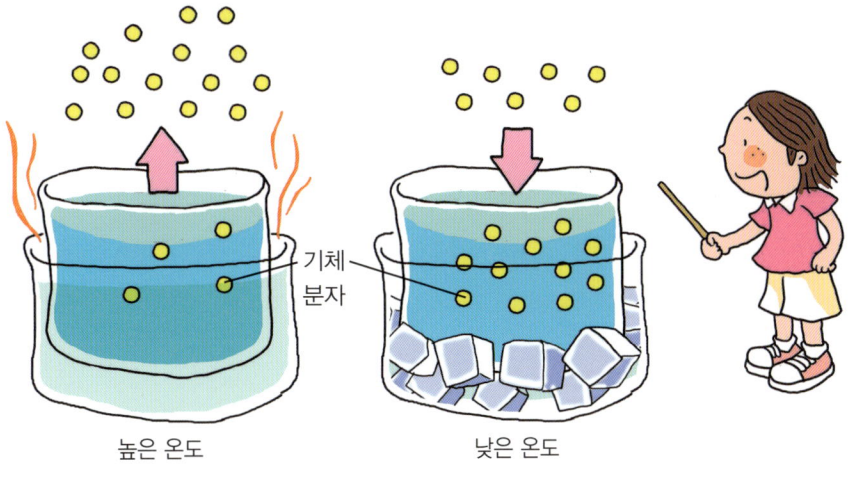

높은 온도   낮은 온도
기체 분자

〈온도에 따른 기체의 용해〉

또, 기체는 압력에 따라 녹는 양이 달라져. 탄산음료의 병뚜껑을 따면 병 입구에 거품이 많이 생기지? 이산화탄소를 많이 녹이기 위해 탄산음료 병 속의 압력을 대기압보다 높게 해 놓았는데, 병뚜껑을 여니까 병 속의 압력이 갑자기 낮아져 녹아 있던 이산화탄소가 더 이상 녹아 있지 못하고 거품이 되어 나오는 거야.

위의 예로 볼 때, 기체는 물의 온도가 낮을수록, 압력이 높을수록 많이 녹는다는 것을 알 수 있지.

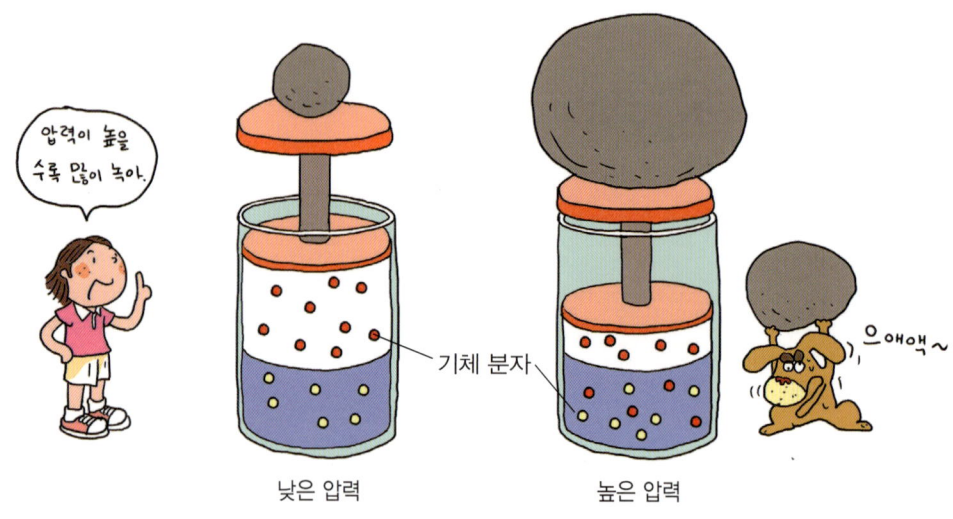

〈압력에 따른 기체의 용해〉

💡 열오염이란?

'열오염'이란 열기관이나 난방 기구 등에서 연료를 아주 많이 때거나 공장에서 작업할 때 나오는 열에너지가 쌓여 기온, 수온, 흙의 온도 등이 오염의 원인이 될 정도로 올라가는 환경 오염을 말해.

열오염이 발생하면 생물은 뜨거워서 죽기도 하고, 잘 자라지 못하게 되기도 하고, 물속에 녹아 있는 산소의 양이 적어져 호흡 곤란을 일으키기도 하는 등 엄청난 피해를 입게 되지.

그중 이번 사건과 같이 공장에서 나오는 뜨거운 물인 온배수로 인해 수온이 올라가 일어나는 환경 오염을 '온배수 공해'라고 해. 온배수로 물고기가 피해를 입게 되는 이유 중 하나는 바로 기체의 용해도 때문이지. 기체는 물의 온도가 높을수록 더 적게 녹는다고 했잖아? 그러니까 온배수로 인해 하천의 수온이 오르면, 그 속에 녹아 있는 산소의 양이 급격하게 적어져 결국 물속 생물들이 치명적인 피해를 입게 되지.

원자력 발전소   화력 발전소   정유 공장

〈주요 열오염 발생원〉

그러니까 생각해 봐. 제지 공장에서 내보낸 온배수로 인해 하산천 물의 온도가 높아지면서 물속에 녹아 있는 산소의 양이 줄어들었지. 그런데 물고기는 물의 온도가 높아지면 더 많은 산소를 필요로 하니, 산소 부족을 느끼는 건 당연한 일 아니겠어? 결국 물고기는 떼죽음을 당하고 만 거지. 어때, 이젠 알겠지?

내일이면 개학. 개학식이 끝나자마자 바로 수업을 시작한다고 하여, 아이들은 하루 전날 모두 기숙사로 들어왔다. 오랜만에 후배들도 모두 만나고 또 기숙사에서 함께 잔다고 생각하니, 왠지 새로운 기분이 들었다.

어린이 과학 형사대 CSI의 대 활약! **9권**에서 계속됩니다.

CSI, 함께 놀며 훈련하다!

1 마찰이 가장 큰 길은?

마찰은 물체가 닿는 표면이 거칠수록 커져. 이 사실은 눈으로 금방 확인해 볼 수 있는데, 같이 해 볼래?

준비물
- 네모난 블록 세 개
- 기다란 널빤지
- 사포
- 비닐
- 책 여러 권

❶ 널빤지의 가로 부분을 세 칸으로 나누어 한 칸은 그대로 두고, 다른 두 칸에는 사포와 비닐을 붙인다.

❷ 널빤지 한쪽 밑에 책 여러 권을 쌓아 약 20cm 높이의 비스듬한 면을 만든다.

❸ 각 칸마다 블록을 올려놓고, 어디까지 내려오는지 살펴본다.

각각의 표면을 손가락으로 문질러 보면 비닐이 가장 미끄럽고 사포가 가장 거칠지? 그 위에 블록을 올려놓으면 블록이 가장 많이 내려오는 길은 비닐 길이고 가장 적게 내려오는 길은 사포 길. 이를 보면 표면이 거칠수록 운동을 방해하는 성질인 마찰이 커진다는 것을 알 수 있지.

❷ 마찰을 줄인다면?

움직이는 물체에는 항상 마찰이 작용하는데, 맞닿는 두 물체 사이에서 일어나지. 그럼 마찰이 줄어들면 물체는 어떻게 될까?

준비물: 고무풍선, 페트병, 칼, 송곳, 집게

❶ 칼로 페트병 위쪽을 자르는데, 밑면이 정확하게 평평하도록 자른다. 칼을 쓸 때에는 안전에 유의한다.

❷ 병뚜껑 위에 송곳으로 작은 구멍을 낸다. 단, 찔리지 않도록 조심한다.

❸ 고무풍선을 분 다음, 집게로 집어 바람이 빠지지 않도록 한다.

❹ 고무풍선 입구를 벌려 페트병 뚜껑에 씌우고, 집게를 뺀다.

어때? 페트병이 부드럽게 위로 살짝 뜨면서 바닥을 미끄러지듯 움직이기 시작하지? 고무풍선에서 나온 공기가 페트병과 바닥 사이에 공기 층을 만들어 마찰을 줄였기 때문이야. 그러니까 마찰이 줄어들면 물체는 훨씬 쉽게 움직인다는 사실, 이젠 알겠지?

① 뱅글뱅글 돌리기

인공위성이 지구 주위를 도는 이유는 뭘까? 원심력과 구심력, 즉 지구의 만유인력이 같기 때문이야. 원운동하는 물체에 작용하는 힘을 느껴 볼까?

준비물: 네모난 지우개, 기다란 실, 셀로판테이프

❶ 지우개에 실 끝을 묶고, 실이 빠지지 않도록 셀로판테이프를 붙인다.

❷ 반대쪽 실 끝을 잡고 천천히 돌렸다 빨리 돌렸다 하며 뱅글뱅글 돌린다.

❸ 갑자기 줄을 놓아 지우개가 어떻게 되는지 본다.

지우개가 뱅글뱅글 도는 동안 지우개는 자꾸 밖으로 날아가려 하고(원심력), 내 손은 계속 실을 잡아당기는 것(구심력)을 느낄 수 있지. 원운동을 하는 물체에는 원심력이 생기는데, 이 힘이 구심력과 같으면 물체는 계속 원운동을 할 수 있어. 하지만 실을 잡았던 손을 놓아 구심력을 없애면, 지우개에는 밖을 향한 원심력만 남아. 그래서 지우개는 밖으로 휙 날아가 버리지.

❷ 풍선 로켓 만들기

인공위성이 지구 밖으로 올라가려면 로켓에 실어 지구의 만유인력을 이겨 낼 만한 속도로 쏘아 올려야 해. 그럼 로켓은 어떤 원리로 날아갈까?

집게를 푸는 순간, 풍선에 들어 있던 공기가 한꺼번에 밀려 나오면서 풍선은 위로 슝! 바로 풍선 로켓이 되지. 이와 같이 로켓에서 기체를 뒤로 계속 힘차게 뿜어 내보내면, 그와 반대 방향인 앞으로 나갈 수 있는 추진력이 생겨. 바로 그 힘을 이용해서 로켓은 하늘 높이 날아오를 수 있지.

① 소금 보석 만들기

소금으로 보석을 만들어 볼까? 그게 가능하냐고? 당연하지. 용해와 결정이 생기는 원리를 잘 이용하면 돼. 뜨거운 물을 쓰니까 조심하고.

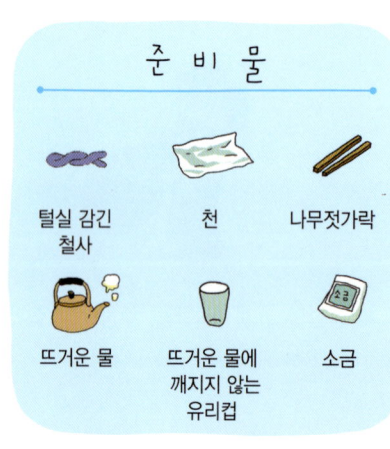

준비물: 털실 감긴 철사, 천, 나무젓가락, 뜨거운 물, 뜨거운 물에 깨지지 않는 유리컵, 소금

❶ 털실 감긴 철사로 예쁜 모양을 만든 다음, 나무젓가락의 중간에 감아 고정한다.

❷ 뜨거운 물을 컵에 담은 후, 소금을 넣고 저어 더 이상 녹지 않을 때까지 녹인다.

❸ 털실 감긴 철사를 고정한 나무젓가락을 컵 입구에 걸친 후, 천으로 유리컵을 덮어 놓아둔다.

시간이 지날수록 점점 물이 식으면서 철사에 조금씩 하얀 정육면체가 붙는 것을 볼 수 있지? 그게 소금 결정이야. 뜨거운 물에는 소금이 많이 녹을 수 있지만 물의 온도가 낮아지면 녹을 수 있는 소금의 양이 줄어들어. 그래서 녹지 못하는 소금이 결정이 되어 철사에 달라붙게 돼. 신기하지?

❷ 사이다 거품 관찰

사이다를 이용해 온도에 따라 녹을 수 있는 기체의 양이 다르다는 실험을 해 볼까? 아주 간단해.

준비물
사이다 두 병   병따개 두 개

❶ 사이다 한 병은 실온에 그대로 놓아두고, 다른 한 병은 시원한 냉장고에 넣어 둔다.

❷ 두 시간쯤 지난 후 냉장고에 있던 사이다를 꺼내고, 두 병의 뚜껑을 동시에 딴다.

어때? 뚜껑을 따자마자 사이다 표면에 거품이 생기지? 이때 더 많은 거품이 나는 것은 실온에 그대로 놓아둔 사이다. 온도가 높을수록 사이다에 녹을 수 있는 이산화탄소의 양이 적어지니까, 뚜껑을 따자마자 거품이 되어 나오는 거지. 이젠 알겠지?

❶ 깃털 도감 만들기

새는 저마다 멋진 깃털이 있어. 산이나 들에 나가 잘 살펴보면 찾을 수 있지. 그럼 깃털을 모아 나만의 도감을 만들어 볼까?

❶ 산이나 공원, 들에 나가 새의 깃털을 줍는다. 이때 꼭 장갑을 낀다.

❷ 손으로 깃털을 쓰다듬듯 물로 씻은 후, 헤어드라이어로 잘 말린다.

❸ 씻어 말린 깃털을 알코올에 담가서 소독한 후 말린다.

❹ 노트에 칼로 칼자국을 낸 다음 깃털을 끼우고, 발견한 날짜, 시간, 장소, 새 이름 등을 적는다.

새마다 깃털이 다 다르니까, 조류 도감을 찾아보면 어떤 새의 깃털인지 알 수 있을 거야. 그렇게 깃털을 발견할 때마다 모아서 나만의 도감을 만들다 보면, 어느새 훌륭한 새 박사가 되어 있겠지?

❷ 새가 날 수 있는 이유

새는 대부분 날 수 있어. 날개가 있기 때문이지. 이때 날개에 덮인 깃털이 어떤 역할을 하는지 알아볼까?

준비물
- 새의 깃털
- 나무 막대
- 압정
- 헤어드라이어

❶ 새의 깃털을 압정으로 나무 막대에 느슨하게 고정한다.

❷ 헤어드라이어를 켠 다음, 바람이 새의 깃털에 닿게 하면서 깃털의 움직임을 관찰한다.

어때? 깃털이 빙빙 도는 것을 볼 수 있지? 이때 깃털의 모양을 잘 살펴봐. 구부러지는 것을 볼 수 있어. 새가 날 때 날개 바깥에 있는 깃털은 하나씩 갈라져 위로 볼록하게 구부러져. 그래서 공기의 흐름을 분산시킴으로써 나는 것을 돕지.

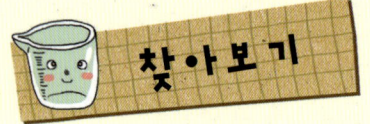   

ㄱ
고온 처리 지문 감정 기법 108
공기 24
과학 기술 위성 72
과학 탐사 위성 61, 71
국지성 집중 호우 31
군사 위성 71
그을음 83
금속 46
기상 위성 61, 71
기체 160
깃털 131

ㄴ
나프탈렌 102
날개 131
내브스타 72

ㄷ
도체 120

ㅁ
마찰 33, 38
마찰력 38
몸깃털 131
무궁화 위성 72
물고기 154

ㅂ
반도체 120
변온 동물 154
부도체 120
불꽃 46
붕산 93, 95, 103
비 33

ㅅ
사이코패스 129
새 130
소금 102
솜깃털 131
수막현상 33, 41
스푸트니크 1호 61
시트르산 102

ㅇ
아가미 154
아리랑 위성 72
암모니아수 160
열오염 162
염산 160
온배수 163
온배수 공해 163
용매 95, 100
용액 95, 100
용질 95, 100, 102
용해 100
용해도 95, 102
우리별 위성 72
인공위성 61, 70

ㅈ
정온 동물 130, 154
종이 148
GPS(지피에스) 60, 72
GPS(지피에스) 수신기 61
GPS(지피에스) 위성 61

ㅌ
타이어 24, 40
타조 132
탄산음료 160
탄산칼슘 102
통신 위성 61, 71

ㅎ
항법 위성 71